SUMÁRIO

Capítulo 1
1. O NASCIMENTO DE JESUS — 6
2. O CRESCIMENTO DE JESUS — 40
3. JOÃO BATISTA — 47
4. PREPARAÇÃO PARA O MINISTÉRIO — 55
5. NO CASAMENTO EM CANÁ — 70
6. A CAMINHO DE JERUSALÉM — 74
7. A VOLTA À GALILÉIA — 85
8. O CAMINHO DO MAR — 96

Capítulo 2
9. MILAGRES MESSIÂNICOS — 108
10. O SERMÃO NO MONTE — 130
11. A CONTROVÉRSIA A RESPEITO DE BELZEBU — 144
12. PARÁBOLAS — 150
13. O ENVIO DOS DOZE DISCÍPULOS — 166
14. A MORTE DE JOÃO BATISTA — 170
15. A MORTE DE LÁZARO — 206

Capítulo 3
16. A ENTRADA EM JERUSALÉM — 212
17. O CORDEIRO DE DEUS INVESTIGADO — 222
18. JUDAS, O TRAIDOR — 228
19. A CEIA DO SENHOR — 232
20. O JARDIM DE GETSÊMANI — 241
21. A CAMINHO DA CRUZ — 248
22. A CRUCIFICAÇÃO — 256
23. RESSURREIÇÃO E ASCENÇÃO — 269

MAPA DA REGIÃO — 282
PERSONAGENS — 284
DOZE APÓSTOLOS — 286

Capítulo 1

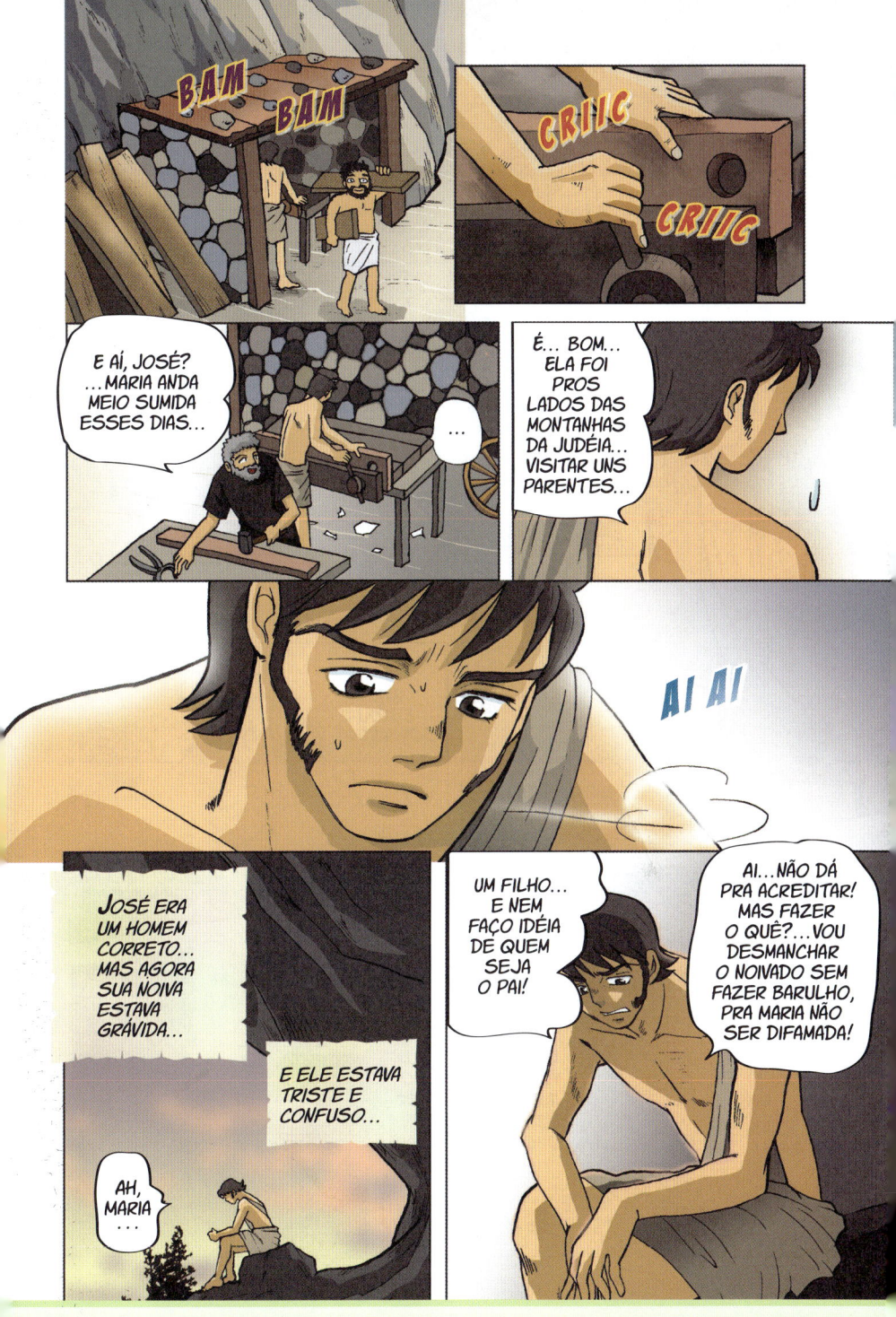

MARIA... ESTÁ EXAUSTA... A VIAGEM FOI LONGA... E O BEBÊ VAI NASCER A QUALQUER HORA!

TENHO DE ENCONTRAR UM LUGAR JÁ!

NÃO... NÃO TEMOS MAIS VAGAS!!!

TUDO LOTADO...

MARIA, SINTO MUITO...

...MAS PRECISAMOS FICAR NESTE LUGAR DEPRIMENTE!

TUDO BEM, JOSÉ...

Sorriso

AQUI ESTÁ BOM DEMAIS!

Lucas 2.1-7

...
PASMOS...
SERÁ QUE FOI UM SONHO ?!
ERA O SENHOR!
NÃO, TODOS NÓS VIMOS!
ELE FALOU COM A GENTE!!
E AGORA ?!
TEMOS QUE IR ATÉ A CIDADE DE DAVI... ATÉ BELÉM...
PRECISAMOS VER O QUE O SENHOR NOS CONTOU!
CERTO !!
VAMOS LÁ!!
VEJAM !!!
DEVE SER AQUI...
EMBAIXO DA...
ESTRELA BRILHANTE!

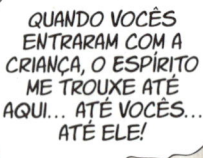

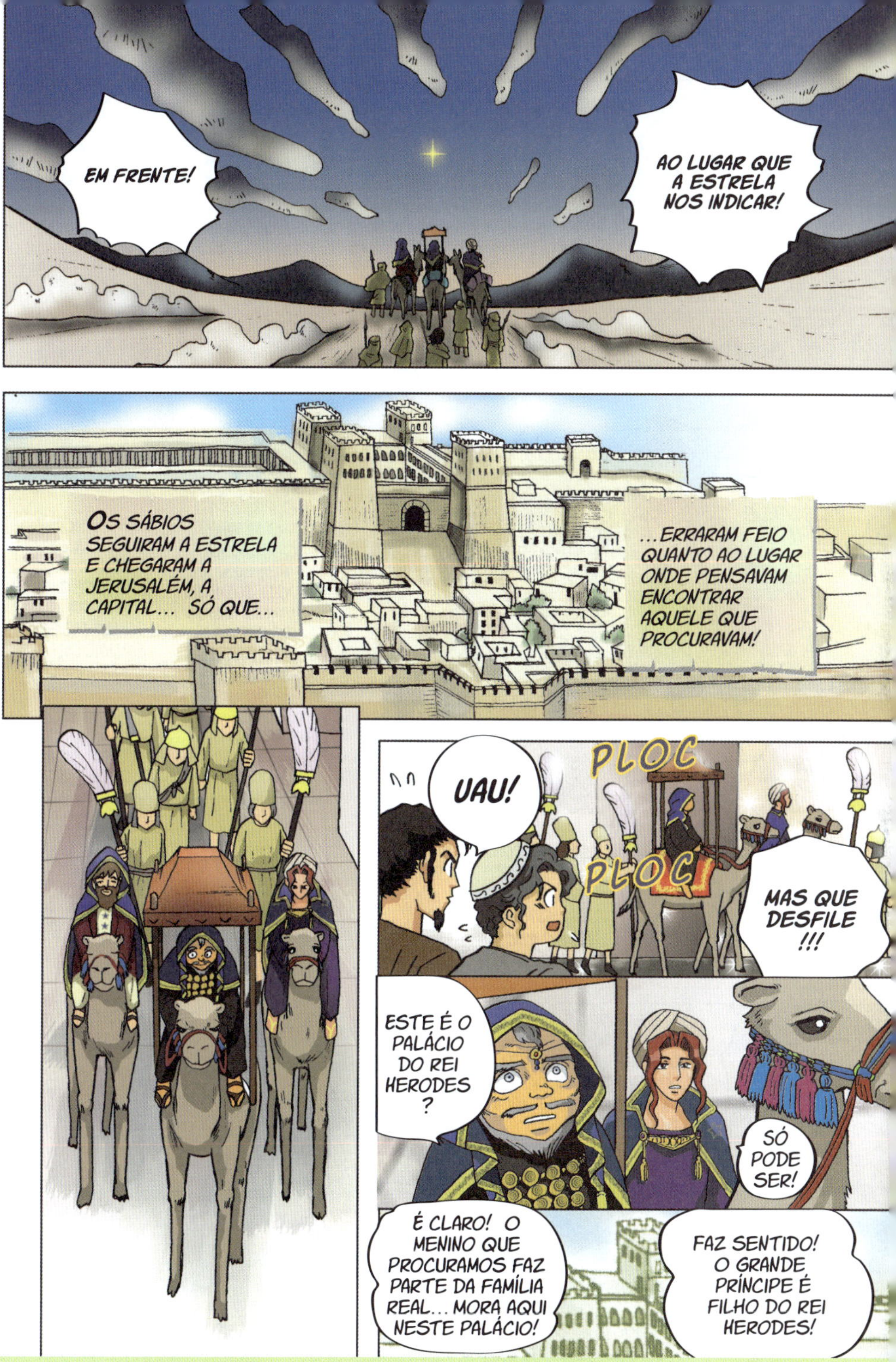

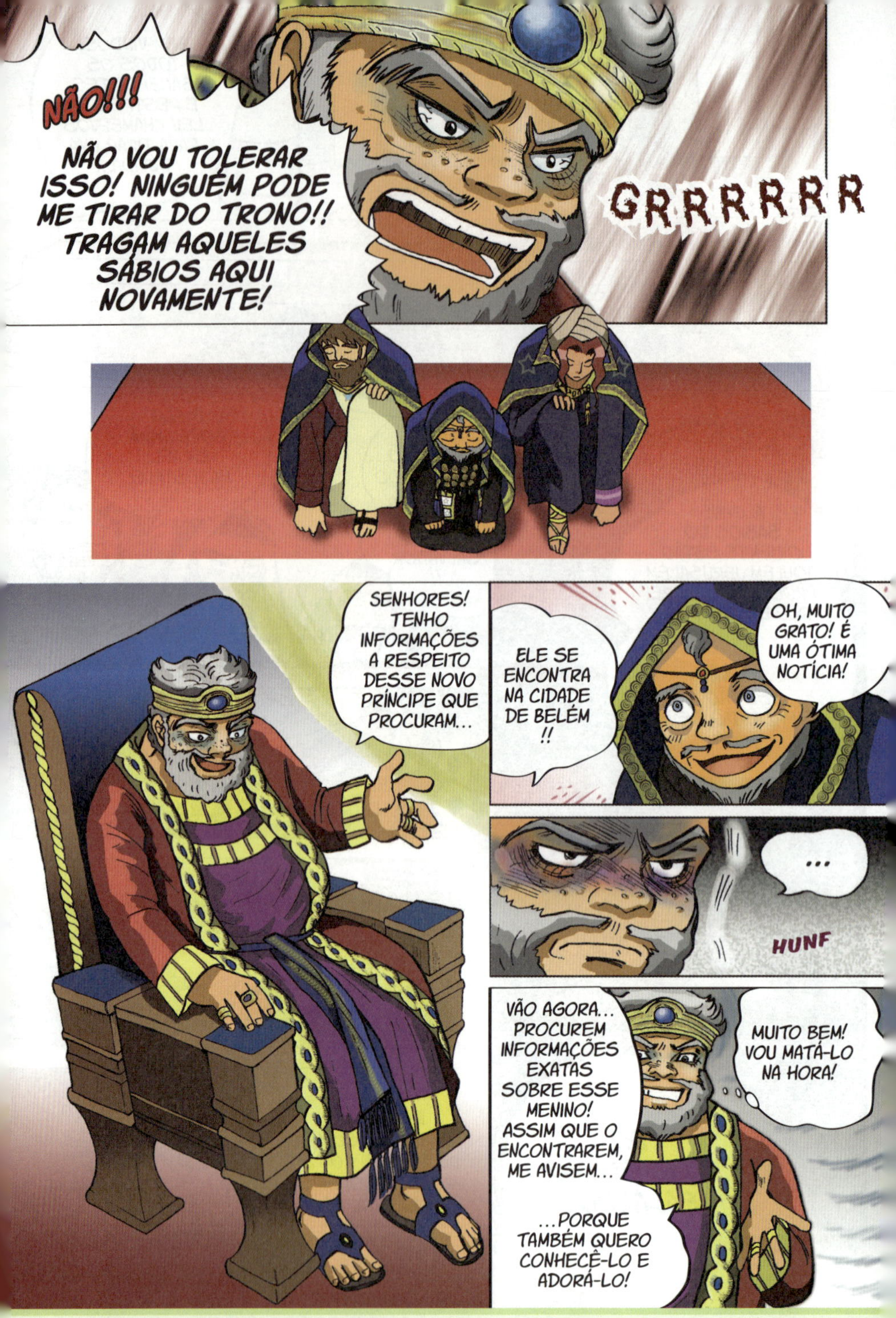
NÃO!!!
NÃO VOU TOLERAR ISSO! NINGUÉM PODE ME TIRAR DO TRONO!! TRAGAM AQUELES SÁBIOS AQUI NOVAMENTE!
GRRRRRRR
SENHORES! TENHO INFORMAÇÕES A RESPEITO DESSE NOVO PRÍNCIPE QUE PROCURAM...
ELE SE ENCONTRA NA CIDADE DE BELÉM !!
OH, MUITO GRATO! É UMA ÓTIMA NOTÍCIA!
...
HUNF
VÃO AGORA... PROCUREM INFORMAÇÕES EXATAS SOBRE ESSE MENINO! ASSIM QUE O ENCONTRAREM, ME AVISEM...
MUITO BEM! VOU MATÁ-LO NA HORA!
...PORQUE TAMBÉM QUERO CONHECÊ-LO E ADORÁ-LO!

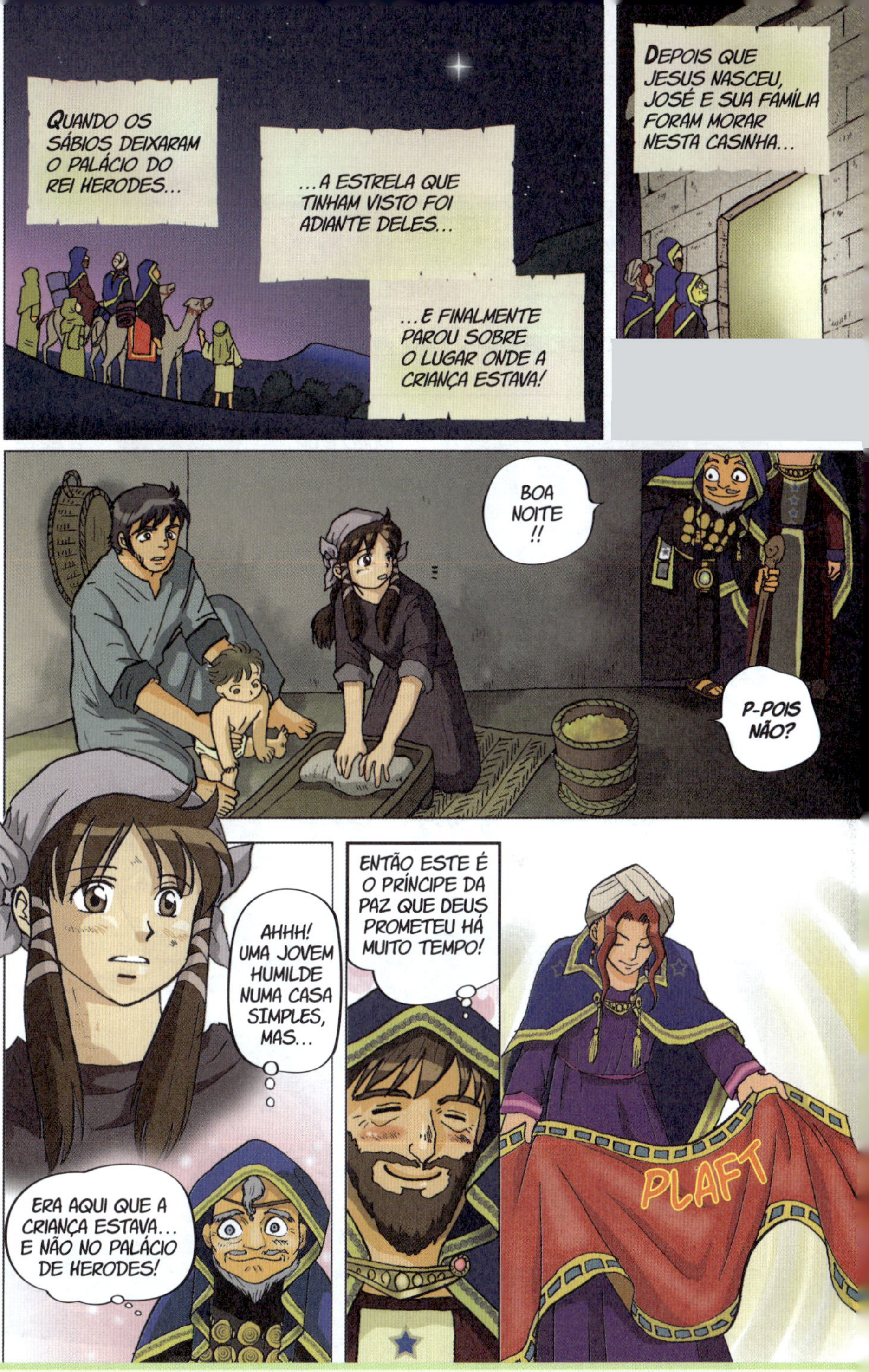

E AGORA, VAMOS AVISAR O REI HERODES A RESPEITO DESTA CRIANÇA...?

NÃO...DE JEITO NENHUM!

POR QUE NÃO? QUAL É O PROBLEMA?!

E-EU TIVE UM SONHO...

E DEUS ME AVISOU PARA NÃO VOLTAR AO PALÁCIO DE HERODES!!

Então os sábios voltaram ao seu país por um caminho diferente, que não passava por Jerusalém!

UNN... UNH HHHH!

Naquela mesma noite, José também teve um sonho.

UM ANJO!!!

Mateus 2.1-12, 13-18

LEVANTE-SE! FUJA PARA O EGITO COM O MENINO E A MARIA!

FIQUE POR LÁ ATÉ EU MANDAR VOLTAR!

HERODES VAI PROCURAR O MENINO... ELE QUER MATÁ-LO!

MARIA, DEPRESSA! PEGUE JESUS E VENHA... AGORA!

COMO?

O-O QUÊ?!

AQUELES SÁBIOS ESTÃO DEMORANDO DEMAIS!

EU MANDEI QUE ME DESSEM NOTÍCIAS DA CRIANÇA... MAS AINDA NÃO VOLTARAM!

ELES-- ELES ME ENGANARAM!!

NINGUÉM ENGANA O REI HERODES!!

HUNF!! REI RECÉM-NASCIDO... PENSA QUE VAI TOMAR MEU LUGAR, HEIN? VOCÊ NÃO VAI VIVER TANTO ASSIM!!

OS SÁBIOS DISSERAM QUE FAZ DOIS ANOS QUE A ESTRELA APARECEU...

NESSE CASO, TODOS OS MENINOS DE ATÉ DOIS ANOS EM BELÉM E NAS REDONDEZAS...

DEVEM SER MORTOS!!!

D-DO D-DO D-DO

O terrível decreto de Herodes provocou muitas lágrimas e muito desespero...

P-PAREM!!

NÃÃÃOO

MEU FILHOO!!!

Mas José e Maria já estavam com Jesus a caminho do Egito...

...porque Deus os protegia!

Mateus 2.13-18   **39**

2. O CRESCIMENTO DE JESUS

Mais tarde, quando Herodes morreu...

...o anjo apareceu de novo a José e disse:

"Aqueles que tentavam matar a criança já morreram!"

"Arquelau está reinando no lugar de Herodes, o pai."

"Ouvi dizer que ele é cruel... Tal pai, tal filho! Acho muito perigoso voltarmos pra Belém!!"

"Talvez seja melhor evitar toda a região sul... e voltar a morar em Nazaré!"

Então José retomou sua profissão de carpinteiro em Nazaré...

BAM BAM

NAZARÉ
JERUSALÉM
BELÉM
EGITO
MAR MORTO

...e o menino Jesus...

Mateus 2:19-23 Lucas 2:39,40

2 ANOS

4 ANOS

7 ANOS

...CRESCEU E FICOU FORTE! ERA MUITO SÁBIO E ABENÇOADO PELA GRAÇA DE DEUS!

10 ANOS

Em Jerusalém, dez anos depois de voltar do Egito...

É, A PRIMAVERA CHEGOU E...

OLHA, TODO O MUNDO E MAIS UM POUCO ESTÃO NA CIDADE!

Mateus 2.19-23   Lucas 2.39, 40

ESTAMOS COMEMORANDO A PÁSCOA!!

É VERDADE... A FESTA NOS LEMBRA COMO DEUS NOS RESGATOU... O POVO JUDEU...DO EGITO, COM SEU GRANDE PODER!

OLHA! A RUA QUE LEVA AO TEMPLO ESTÁ CHEIA DE PEREGRINOS DO MUNDO INTEIRO!

É SEMPRE ASSIM! JÁ VIM AQUI OUTRAS VEZES NA PÁSCOA, MAS NUNCA ME ACOSTUMO COM ESSA MULTIDÃO!

TUDO BEM, MARIA?

TUDO!

E...

...E VOCÊ, JESUS?

Sorriso

ÓTIMO!!

Jesus, agora com 12 anos

Lucas 2.41-52

De acordo com os costumes judaicos, antes de o menino completar treze anos, seus pais o levavam para celebrar a Páscoa no Templo de Jerusalém...
A festa dura uma semana!
Mais tarde, quando voltavam da festa...
...?!
Espera aí!! Maria, cadê Jesus ?!
Jesus...? Não está com você?
Achei que ele estava com alguém da família, no meio da multidão!
Essa não !!?
Quando foi que ele sumiu ?!!
Não sei! Nem me preocupei muito porque ele nunca dá trabalho...
Ele não está por aqui... Será que ficou em Jerusalém...?
É melhor a gente voltar!
Templo de Jerusalém

44 Lucas 2.41-52

— A senhora deve saber que os rabinos vêm ao pátio do templo em alguns horários para ensinar quem quer aprender...

...e discutem sobre a Lei e os profetas!

— Eu estava ouvindo quando seu filho começou a falar com eles!

— Todo mundo que ouviu o menino ficou de boca aberta!

— Aquele garotinho ficou discutindo coisas difíceis... não entendi nada!

GASH

— Jesus, venha cá agora mesmo!!!

— Por que você fez isso com a gente?

— Procuramos você por toda parte!

...

— Por que vocês estavam me procurando? Não sabiam que eu só podia estar na casa de meu Pai?

Z-Z-ZUH

Z-Z-ZUH

Lucas 2.41-52

O PAI A QUEM JESUS SE REFERIA ERA DEUS...

...MAS NA HORA MARIA E JOSÉ NÃO O ENTENDERAM MUITO BEM!

.....

MEU FILHO É BEM... DIFERENTE... DAS OUTRAS CRIANÇAS!

MELHOR NÃO FICAR FALANDO DISSO... GUARDAR TUDO NO CORAÇÃO...

...SÓ OBEDECER AO SENHOR E CRIÁ-LO DIREITINHO!

JESUS JÁ SABIA QUE, DE UMA FORMA MUITO ESPECIAL, DEUS ERA SEU PAI...

...MAS ENQUANTO ELE CRESCIA, ERA OBEDIENTE AOS SEUS PAIS NA TERRA!

3. JOÃO, O BATISTA

HYOOOOO...

SWASH SWASH

...

O SENHOR TEM UMA MENSAGEM PARA TODOS VOCÊS!!

ARREPENDAM-SE... AGORA!!

SPLASH

Mateus 3.1-12 Marcos 1.1-8 Lucas 3.1-18 João 1.19-28

ABANDONEM O PECADO... PAREM DE FAZER O QUE SEPARA VOCÊS DE DEUS...

O SEU REINO CELESTIAL ESTÁ BEM PRÓXIMO!!!

...E MOSTREM QUE DEIXARAM OS SEUS MAUS CAMINHOS!

NÃO PENSEM QUE ESTÃO SEGUROS DIZENDO: "ABRAÃO É NOSSO PAI! SOMOS O POVO ESCOLHIDO DE DEUS"!!

DEUS PODE PRODUZIR FILHOS PARA ABRAÃO ATÉ DESSAS PEDRAS!!!

"UMA VOZ CLAMA NO DESERTO: 'PREPAREM O CAMINHO PARA O SENHOR! FAÇAM CAMINHOS RETOS PARA ELE!'"

ESCUTEM! AGORA ELE ESTÁ CITANDO AS PALAVRAS DO PROFETA ISAÍAS!

HEI! QUEM É ESSE SUJEITO COM ROUPA DE PÊLOS DE CAMELO E CINTO DE COURO?

"NO DÉCIMO QUINTO ANO DO REINADO DE TIBÉRIO CÉSAR..."

"JOÃO, FILHO DE ZACARIAS E ISABEL, CUJO NASCIMENTO...

...FORA ANUNCIADO POR UM ANJO DO CÉU..."

AQUELE MALUCO NA ÁGUA? ORA! É JOÃO BATISTA!

ELE BATIZA AS PESSOAS AQUI EM NOSSO RIO JORDÃO!

48   Mateus 3.1-12 Marcos 1.1-8 Lucas 3.1-18 João 1.19-28

"TINHA CRESCIDO E AGORA ERA CONHECIDO COMO 'JOÃO BATISTA'...
ISABEL
ZACARIAS
JOÃO BATISTA
...E COMEÇOU A DIZER A TODOS AS COISAS QUE DEUS HAVIA ORDENADO!"
TUDO BEM... IMPRESSIONANTE... MAS O QUE É ESSE TAL "BATISMO"?
BEM... QUANDO ALGUÉM É MERGULHADO NA ÁGUA... DAQUELE JEITO... SIGNIFICA QUE VAI DEIXAR OS ERROS DO PASSADO NA ÁGUA...
...E QUANDO SAI DA ÁGUA... ENTÃO VAI SER UMA PESSOA QUE AGRADA A DEUS!
AH! ENTÃO É POR ISSO QUE ESSA GENTE TODA VEM SER BATIZADA POR ELE!
É, ELES ACREDITAM QUE VÃO RECEBER O PERDÃO DE DEUS E SE TORNAR PESSOAS DIFERENTES!
EI-- OLHA!!
HMMM...
ENTÃO, ESSE É JOÃO? O PROFETA QUE CAIU NAS GRAÇAS DO POVO?!
O QUE VOCÊ ACHA? SERÁ QUE, PARA ELE, NÓS FARISEUS TAMBÉM PRECISAMOS DE BATISMO?

VUPT

GRRRR...!!!

VOCÊS!! RAÇA DE COBRAS VENENOSAS! QUEM DISSE QUE VOCÊS VÃO ESCAPAR DA IRA DE DEUS?

DEIXEM A VIDA CHEIA DE PECADOS!

UAU!! ELE ACABOU COM OS FARISEUS! ELES FINGEM CUMPRIR A LEI... MAS HUMILDADE QUE É BOM...

UAU!!

ESSE BATISTA É MESMO PODEROSO... NÃO TEM MEDO DE NINGUÉM!

ELE VAI VER SÓ!

É-- REALMENTE!

SABE O QUE EU ACHO...? ESSE JOÃO PODE SER O MESSIAS... O UNGIDO DE DEUS QUE TODOS ESPERAM!

AFINAL, ELE DIZ QUE RECEBEU AUTORIDADE DE DEUS, CERTO? SÓ PODE SER O MESSIAS!

VOCÊS ACHAM QUE EU SOU O MESSIAS?!

NÃO!!

NÃO SOU!!

Mateus 3.1-12 Marcos 1.1-8 Lucas 3.1-18 João 1.19-28

ESTOU APENAS PREPARANDO O CAMINHO PARA AQUELE QUE VEM DEPOIS DE MIM...

...E ELE VEM LOGO! NA VERDADE... O SENHOR ME DISSE QUE JÁ VIVE ENTRE NÓS... MAS NÃO O CONHECEMOS!

MAS SEI DE UMA COISA: ELE É MUITO MAIS PODEROSO DO QUE EU! NÃO SOU DIGNO NEM DE DESAMARRAR AS SANDÁLIAS DELE!

AQUELE QUE VEM DEPOIS DE MIM É MAIS IMPORTANTE DO QUE EU... PORQUE EXISTIA ANTES DE MIM!

EU BATIZO VOCÊS COM ÁGUA... MAS ELE VAI BATIZÁ-LOS COM O ESPÍRITO SANTO!

...

QUE TIPO DE PESSOA SERÁ ESSE MESSIAS QUE É TÃO MAIS PODEROSO DO QUE JOÃO BATISTA?!

ENTÃO VAMOS NOS PREPARAR PARA AQUELE QUE ESTÁ CHEGANDO!

QUEM TIVER ROUPA SOBRANDO, REPARTA COM QUEM NÃO TEM! QUEM TIVER COMIDA SOBRANDO, FAÇA O MESMO!

Mateus 3.1-12 Marcos 1.1-8 Lucas 3.1-18 João 1.19-28

VOCÊS, COBRADORES DE IMPOSTOS... PAREM DE ROUBAR AS PESSOAS TIRANDO MAIS DO QUE O GOVERNO ROMANO EXIGE!

VOCÊS, SOLDADOS... PAREM DE EXTORQUIR DINHEIRO DO POVO COM ACUSAÇÕES FALSAS... CONTENTEM-SE COM O SALÁRIO QUE RECEBEM!

ERA ASSIM QUE JOÃO BATISTA VIVIA ADVERTINDO O POVO... E PREGAVA A BOA NOTÍCIA DA CHEGADA DO REINO DE DEUS... ATÉ QUE UM DIA...

Mateus 3.1-12 Marcos 1.1-8 Lucas 3.1-18 João 1.19-28

O-O SENHOR?!

E-ENTÃO O SENHOR É O... O...

JOÃO, POR FAVOR, ME BATIZE!

N-NÃO POSSO!!

EU É QUE PRECISO SER BATIZADO PELO SENHOR!

POR QUE O SENHOR VEIO A MIM...?

JOÃO, DEIXE ASSIM POR ENQUANTO...

É O QUE DEVEMOS FAZER...

...PARA CUMPRIR O PLANO DE DEUS!!

Mateus 3.13-17 Marcos 1.9-11 Lucas 3.21, 22

Por fim João concordou...

Desse modo, a vida dos dois se cruzou para cumprir o plano de Deus!

Assim que Jesus saiu da água...

...o céu se abriu!

O espírito de Deus desceu sobre ele em forma de pomba e uma voz do céu disse:

Este é o meu filho amado!

Estou muito contente com ele!

Mateus 3.13-17 Marcos 1.9-11 Lucas 3.21, 22

4. PREPARAÇÃO PARA O MINISTÉRIO

Logo depois de ser batizado por João, Jesus foi para o deserto.

Esta é a boa notícia... que Deus nosso Pai ama as pessoas! Ele quer perdoá-las e mostrar-lhes o caminho da liberdade...

É para isso que fui enviado... para anunciar essa notícia pelo resto da minha vida!

Para isso, me preparo...

...orando sozinho ao meu Pai nesta terra árida!

Mateus 4.1-11 Marcos 1.12-13 Lucas 4.1-13

COITADO... DÁ PENA SÓ DE OLHAR! TÃO CANSADO... TÃO FRACO!

ORANDO TANTO POR TANTOS DIAS... E SEM COMER NADA!

...!!

SATANÁS!!

E MESMO ASSIM... DIZEM QUE VOCÊ É O FILHO DE DEUS! ENTÃO, PODE ARRANJAR COMIDA SEMPRE QUE QUISER, NÃO É?

É CLARO QUE UM FILHO DE DEUS DE VERDADE PODE TRANSFORMAR ESSAS PEDRAS EM PÃES DELICIOSOS PARA ENCHER ESSA BARRIGA VAZIA!

ESTÁ... ESTÁ ESCRITO:

"O HOMEM NÃO VIVE SÓ DE PÃO... MAS DE TODA PALAVRA QUE DEUS FALA!"

AH!! UM DAQUELES ESTUDIOSOS!?
ACONTECE QUE TAMBÉM ESTUDEI UM POUQUINHO... VOU LHE MOSTRAR JÁ, JÁ!
ZUPT
!!!
O TEMPLO NA CIDADE SANTA DE JERUSALÉM !!!
SERIA UMA QUEDA E TANTO DAQUI ATÉ LÁ EMBAIXO... MAS VOCÊ PODE PULAR SEM MEDO!
AFINAL, SE VOCÊ É O FILHO DE DEUS, "O SENHOR DARÁ ORDENS AOS SEUS ANJOS PARA PROTEGÊ-LO!" NÃO É ISSO QUE ESTÁ ESCRITO?
...
TAMBÉM ESTÁ ESCRITO: "NÃO PONHA À PROVA O SENHOR, O SEU DEUS!"

HMMM... TEIMOSO, HEIN?!! MAS NÃO É PÁREO PARA MIM! JÁ TENTEI E VENCI TODOS OS SERES HUMANOS, DESDE O PRIMEIRO!

...E EMBORA ESSE AQUI SEJA FORTE, LOGO LOGO TAMBÉM VAI DESOBEDECER A DEUS!

O NEGÓCIO É DESCOBRIR O SEU PONTO FRACO!

ZUPT

SE VOCÊ É FILHO DE DEUS, ENTÃO SABE QUE SOU O PRÍNCIPE DESTE MUNDO INTEIRO! TUDO O QUE VOCÊ VÊ É MEU, E POSSO DAR A QUEM EU QUISER!

AS CIDADES DO MUNDO...

... TODAS ELAS!

BASTA VOCÊ SE INCLINAR E ME ADORAR... E TUDO ISSO SERÁ SEU!

Mateus 4.1-11 Marcos 1.12, 13 Lucas 4.1-13

ESTÁ ESCRITO: "ADORE O SENHOR SEU DEUS... ELE É O ÚNICO A QUEM SE DEVE SERVIR!"

VÁ EMBORA, SATANÁS...

!!

VASSHH

HYUU UUU...

ENTÃO SATANÁS DEIXOU JESUS...

...E DEPOIS, DEUS ENVIOU SEUS SANTOS ANJOS PARA RODEAR JESUS E SERVI-LO...

SATANÁS, PORÉM, NÃO DESISTIU...

@!&X#%!

...ELE SABIA QUE PRECISAVA ESPERAR E PLANEJAR O PRÓXIMO ATAQUE PARA UMA HORA MAIS FAVORÁVEL!

Mateus 4.1-11 Marcos 1.12, 13 Lucas 4.1-13

Pouco depois...

Algumas pessoas batizadas por João queriam saber mais a respeito do Salvador e Rei que deveria vir...

Esses eram discípulos de João Batista!

Eu o batizei no Rio Jordão há mais de um mês!

Mestre, é verdade...? O Messias... o Rei Ungido, prometido por Deus... apareceu mesmo?

É, André, é verdade!

Veja! Lá está ele...

...O Cordeiro de Deus que tira o pecado do mundo!!

OH!

ESSE É O HOMEM!!

QUEREM ALGUMA COISA?

RABI... MESTRE... ONDE O SENHOR MORA?!

VENHAM... E VEJAM!

VAMOS PASSAR O RESTO DO DIA JUNTOS!

No dia seguinte...

SIMÃO! TENHO UMA NOTÍCIA INCRÍVEL!!!

BAM

João 1.29-51

ANDRÉ, PARE DE GRITAR!
O QUE FOI?
SIMÃO, VOCÊ NÃO VAI ACREDITAR, MAS...
!!!
...CONHECI O MESSIAS! ONTEM PASSEI O DIA TODO COM ELE!
TÁ... VOCÊ ESTÁ DIZENDO QUE O MESSIAS QUE ESTAMOS ESPERANDO HÁ TANTO TEMPO APARECEU ...?
E VOCÊ ACHA QUE O ENCONTROU ??
VOCÊ NÃO ESTÁ COM FEBRE, NÃO?
NÃO, SIMÃO... NÃO ESTOU BRINCANDO! É O REI DE ISRAEL, O ESCOLHIDO DE DEUS...
O MESSIAS DE VERDADE !!!
VEM CÁ, SIMÃO! VOCÊ PRECISA CONHECÊ-LO!
EI, CALMA!
VOU LEVAR VOCÊ ATÉ ONDE ELE ESTÁ!!
LOGO...
GLUP

ESTE... ESTE HOMEM É O MESSIAS ...!!
N-NEM SEI O QUE FAZER!
ELE NÃO TIRA OS OLHOS DE MIM !!
SHAP
SEU NOME É SIMÃO, NÃO É?
HOJE VOU LHE DAR...
...OUTRO NOME!
AHN ???
A PALAVRA "CEFAS" OU "PEDRO"... SIGNIFICA ROCHA!
DE HOJE EM DIANTE VOCÊ SERÁ PEDRO!

— PEDRO...?!

— É ISSO MESMO!!

— MEU NOVO NOME... QUE SIGNIFICA "ROCHA"...?

— COM O TEMPO VOCÊ VAI SER O QUE ESSE NOME DIZ!

— MESTRE!!

Desse modo, quem acreditava que Jesus era o Messias começou a segui-lo, um após outro...

No dia seguinte

— MESTRE! TROUXE MEU IRMÃO!!

Tiago, o irmão de João

OLHA--É O FILIPE!!

ELE TAMBÉM É DE BETSAIDA!!

MESTRE! FILIPE É DA NOSSA VILA!

ELE É PESCADOR E TAMBÉM DISCÍPULO DE JOÃO BATISTA!

FILIPE...
SIGA-ME!!
VALEU!
É ISSO AÍ!
S-SIM SENHOR!
EI, ANDRÉ...
O QUE FOI, FILIPE?
VOCÊ TROUXE SEU IRMÃO, SIMÃO PEDRO, AO SALVADOR PORQUE VOCÊ FICOU MUITO EMPOLGADO COM ELE...
... E JOÃO TROUXE TIAGO, O IRMÃO DELE, NÃO FOI?
IRMÃO MAIS VELHO
IRMÃO MAIS NOVO
IRMÃO MAIS VELHO
IRMÃO MAIS NOVO
SIMÃO PEDRO
ANDRÉ
TIAGO
JOÃO
BOM, EU TAMBÉM QUERO DIVIDIR ESSA ALEGRIA COM UM AMIGO DA NOSSA CIDADE!
SÉRIO? QUEM É? COMO ELE É?
ELE SE CHAMA NATANAEL! É BAIXINHO... MAS É UM GÊNIO!!

É SÓ DAR UMA FOLGUINHA QUE ELE SOME PARA PENSAR NA VIDA OU FICAR COM O NARIZ ENFIADO NUM LIVRO.

FILIPE?!

EI, NATANAEL!!!

VENHA COM A GENTE!

EU CONHECI O SALVADOR -- É DELE QUE OS PROFETAS FALARAM!

ELE É JESUS DE NAZARÉ!!!

NAZARÉ?! BRINCADEIRA! AQUELE LUGAR NÃO TEM NADA QUE PRESTA!

VEJA PRIMEIRO, DEPOIS VOCÊ FALA!

...

AQUELE É JESUS? ELE ESTÁ OLHANDO PRA CÁ!

João 1.29-51

PRESTEM ATENÇÃO! ALI ESTÁ UM ISRAELITA DE VERDADE!
ELE É REALMENTE SINCERO!
GLUP
HEIN ?!!
C-COMO ...?
DE ONDE O SENHOR ME CONHECE?!
VOCÊ NÃO ESTAVA DEBAIXO DA FIGUEIRA... PENSANDO EM DEUS?
ENTÃO, EU VI VOCÊ LÁ!
!!
MESTRE!
O SENHOR É O FILHO DE DEUS... O REI DE ISRAEL PROMETIDO!
SORRISO
VOCÊ CRÊ SÓ PORQUE EU DISSE QUE O VI DEBAIXO DA FIGUEIRA ...?
VOCÊ VAI VER COISAS BEM MAIORES QUE ESSA!
VOU CONTAR UMA VERDADE...

"VOCÊ VAI VER O CÉU ABERTO!! VAI VER TAMBÉM OS ANJOS DE DEUS SUBINDO E DESCENDO...

...SOBRE O FILHO DO HOMEM!!!"

NATANAEL DEIXOU TUDO E SEGUIU JESUS!

A PRÓXIMA PARADA DE JESUS E SEUS DISCÍPULOS FOI EM CANÁ DA GALILÉIA...

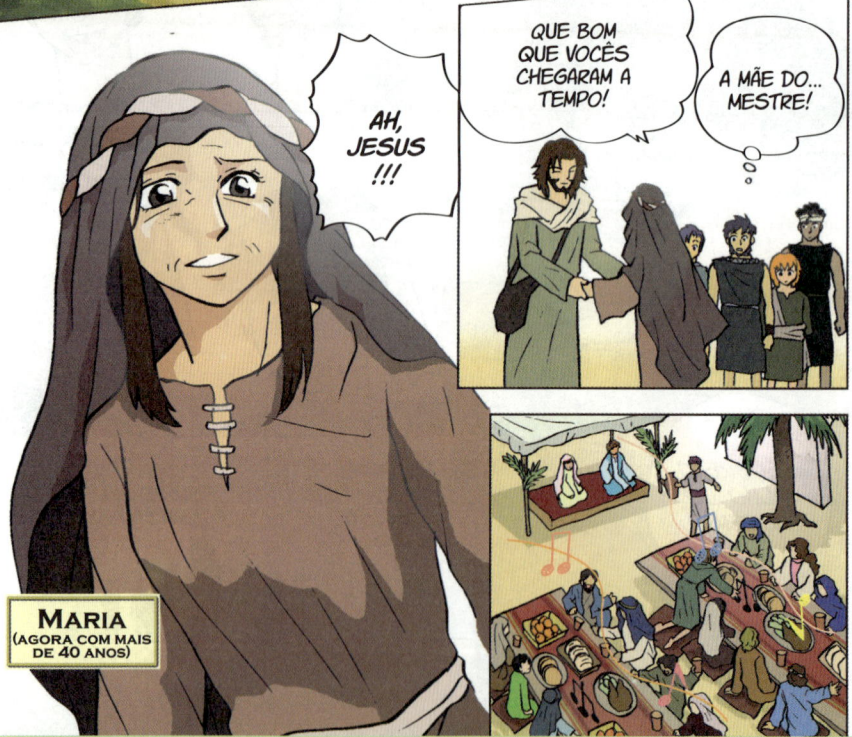

5. NO CASAMENTO EM CANÁ

— MESTRE, POR QUE TANTA PRESSA?

— ... UM AMIGO MEU VAI SE CASAR!

— ... E PROMETI A MINHA MÃE QUE NÃO FALTARIA!

— AH, JESUS!!!

— QUE BOM QUE VOCÊS CHEGARAM A TEMPO!

— A MÃE DO... MESTRE!

MARIA
(AGORA COM MAIS DE 40 ANOS)

70 João 2.1-12

UAU! ESTA FESTA É O MÁXIMO!

MEU DEUS... MEU DEUS...

ESPERA AI, ANDRÉ... DEVAGAR!

É MESMO! RANGO DE PRIMEIRA!

HMMM... JESUS... TEMOS UM PROBLEMINHA...

O QUE FOI, MÃE? NO MEIO DO CASAMENTO?!

É QUE JÁ BEBERAM TODO O VINHO! NÃO SOBROU NADA!*

*ESSA SITUAÇÃO ERA MUITO VERGONHOSA PARA O NOIVO E SUA FAMÍLIA. ALÉM DO MAIS, HAVIA UMA CULTURA DE RECIPROCIDADE NOS CASAMENTOS NO ANTIGO ORIENTE MÉDIO. A FAMÍLIA PODERIA SOFRER PREJUÍZO FINANCEIRO POR NÃO CUIDAR DIREITO DOS CONVIDADOS. EM ALGUNS CASOS, ALGUÉM QUE DEIXASSE DE LEVAR UM PRESENTE ADEQUADO PARA OS NOIVOS CORRIA O RISCO DE SER PROCESSADO JUDICIALMENTE.

MÃE... POR QUE ESTÁ TENTANDO ME DIZER O QUE FAZER?

...

AINDA NÃO É HORA DE EU AGIR!

João 2.1-12

SEI QUE VOCÊS ESTÃO APAVORADOS COM A FALTA DE VINHO...
...MAS NADA DE PÂNICO!!
...APENAS FAÇAM TUDO QUE AQUELE HOMEM MANDAR!
ESSES SEIS POTES DE PEDRA...
...ESSES USADOS PARA LAVAGEM RITUAL... ENCHAM DE ÁGUA!
PRA QUE ISSO?
PRECISAMOS DE VINHO, NÃO DE ÁGUA!

AGORA... TIRE UM POUCO... E LEVE AO DIRIGENTE DA FESTA!
O QUÊ!? O SENHOR ESTÁ BRINCANDO?!
E-EU TROUXE M-MAIS VINHO!
AHN... C-COM LICENÇA...
NA VERDADE... É APENAS ÁGUA!
!!
UAU! ESTE VINHO É MAGNÍFICO!! O MELHOR QUE JÁ PROVEI!!
EI, NOIVO!!
AMIGO, VOCÊ É INCRÍVEL! TODO MUNDO SERVE O MELHOR VINHO PRIMEIRO... E SERVE O PIOR QUANDO O PESSOAL JÁ ESTÁ ALTO!
?
MAS-- UAU!-- VOCÊ DEIXOU O MELHOR PRA O FINAL! VOCÊ É O CARA!
MESTRE... TRANSFORMOU A ÁGUA DA PURIFICAÇÃO...
... EM VINHO DE FESTA!!
FOI O PRIMEIRO DOS MILAGRES DO MESSIAS!

Depois desse evento em Caná, Jesus foi a Cafarnaum com sua mãe, seus irmãos e discípulos... Ficaram ali poucos dias... e então...

6. A CAMINHO DE JERUSALÉM

A mãe e os irmãos de Jesus retornaram a Nazaré...

CAFARNAUM
CANÁ
NAZARÉ
JERUSALÉM

Mestre, por que vamos pra lá agora?

Pra gente celebrar a Páscoa?

Temos de ir a Jerusalém!!

...enquanto Jesus e seus discípulos foram para o sul!

É isso mesmo!

João 2.1-12, 13-25

A PRIMAVERA CHEGOU ...COM A CELEBRAÇÃO DA PÁSCOA... E A MULTIDÃO DE SEMPRE!

ZUNZUM

ZUNZUM

UAU! É MUITA GENTE NUM LUGAR SÓ!

...

VENDEDORES... BEM NO PÁTIO DO TEMPLO!

...E MUITOS ESTÃO VENDENDO ANIMAIS MACHUCADOS... EXPLORANDO O POVO... O MESTRE NÃO ESTÁ NADA FELIZ!

João 2.13-25

76 João 2.13-25

GRAW
GLANK
AAAIII!!
GRAW

TIREM ISSO DAQUI!!

COMO VOCÊS TÊM CORAGEM DE TRANSFORMAR A CASA DO MEU PAI NUMA FEIRA?!

CRÁC!

O QUE VOCÊ ESTÁ FAZENDO?!

AI! MEUS POMBOS... M-MINHAS OVELHAS... MINHA GRANA!!

J-JESUS--!?!

ANDRÉ, ESPERA- VOCÊ NÃO ESTÁ LEMBRANDO?

... É O QUE ESTÁ ESCRITO NO SALMO 69!

DIZ ASSIM: "O GRANDE AMOR QUE TENHO POR SUA CASA IRÁ ME DESTRUIR!"

E ESTÁ ACONTECENDO BEM NA NOSSA FRENTE!

EI, VOCÊ!! COM QUE AUTORIDADE VOCÊ ESTÁ FAZENDO ISSO?
VAI FAZER UM MILAGRE PRA PROVAR SUA AUTORIDADE, VAI? VAI?!! FAÇA UM PRA NÓS!!!
......
DESTRUAM ESTE TEMPLO...
...VOU ERGUÊ-LO DE NOVO EM TRÊS DIAS!
HAHAHAHAHA!! O QUÊ?! VOCÊ VAI RECONSTRUIR ESTE TEMPLO EM TRÊS DIAS ?!!
LEVARAM 46 ANOS PARA CONSTRUIR ESTE TEMPLO!! EM TRÊS DIAS, NEM EM SONHO !!!

— ESQUEÇAM! ESSE CAIPIRA NÃO REGULA BEM!!

— FALOU! MELHOR FICAR LONGE DESSE MALUCO! VAMOS EMBORA!

Os judeus não entenderam Jesus... Até seus discípulos ficaram boiando!

O templo do qual Jesus falou era seu corpo...

...e ele estava dizendo que seu corpo seria destruído pela morte, mas que ressuscitaria em 3 dias!

...mas seus discípulos só entenderiam isso alguns anos depois!

ZUNZUM   ZUNZUM

João 2.13-25

VOCÊ OUVIU...? ESSE TAL DE JESUS APARECEU NO TEMPLO E MEXEU COM OS COMERCIANTES!

NÃO FOI SÓ ISSO; DIZEM QUE TAMBÉM ESTÁ FAZENDO MILAGRES!

OS CEGOS ESTÃO VENDO E OS COXOS ESTÃO ANDANDO...

...E ELE SÓ PRECISA TOCÁ-LOS!

ENTÃO, ELE É O MESSIAS? ...É DELE QUE OS PROFETAS FALAVAM?

UFA!

TODO MUNDO QUE VEIO PARA A FESTA ESTÁ FALANDO DO NOSSO MESTRE!

É... MAS...

PARECE QUE O MESTRE NÃO LIGA PRA ESSE OBA-OBA!

SERÁ QUE ELE SABE MESMO O QUE AS PESSOAS ESTÃO PENSANDO...?

...E O QUE ELAS SENTEM?!

CERTA NOITE...

NICODEMOS, MEMBRO DO CONSELHO DOS JUDEUS E ERUDITO

MESTRE...

SABEMOS... POR CAUSA DOS MILAGRES QUE O SENHOR OPERA... QUE O SENHOR É UM MENSAGEIRO DE DEUS!

HAVIA UM HOMEM CHAMADO NICODEMOS, QUE FOI FALAR COM JESUS...

ELE ERA UM FARISEU CORRETO... E QUERIA QUE JESUS LHE ENSINASSE COMO ENTRAR NO REINO DE DEUS!

PRESTE ATENÇÃO... O QUE VOU DIZER PARA VOCÊ É VERDADE...
NINGUÉM PODE ENTRAR NO REINO DE DEUS SEM NASCER DE NOVO!
NASCER DE NOVO?!! COMO POSSO NASCER OUTRA VEZ SE JÁ SOU VELHO?!!
É IMPOSSÍVEL VOLTAR PARA A BARRIGA DA MINHA MÃE PARA NASCER OUTRA VEZ!
NINGUÉM PODE ENTRAR NO REINO DE DEUS SEM NASCER DA ÁGUA E DO ESPÍRITO SANTO!
AS PESSOAS GERAM OUTRAS PESSOAS... MAS O ESPÍRITO GERA OUTRO ESPÍRITO!
NÃO SE ESPANTE DE EU DIZER: "VOCÊ PRECISA NASCER DE NOVO!"
O VENTO SOPRA ONDE QUER... VOCÊ ESCUTA O BARULHO DELE, MAS NÃO CONSEGUE SABER DE ONDE VEIO OU PRA ONDE VAI!
É ASSIM QUE ACONTECE COM QUEM NASCE DO ESPÍRITO DE DEUS!

M-MAS COMO--?
COMO É POSSÍVEL?!
NICODEMOS !!!
VOCÊ É MESTRE DE ISRAEL?!!
E NÃO ENTENDE ESSAS COISAS?!
FALAMOS APENAS SOBRE O QUE CONHECEMOS! SOMOS TESTEMUNHAS DO QUE VIMOS!
MAS VOCÊS AINDA NÃO ACEITAM NOSSO TESTEMUNHO!
EU FALEI SOBRE COISAS DA TERRA, E VOCÊS NÃO ACREDITAM...
COMO VÃO ACREDITAR SE EU FALAR DAS COISAS DO CÉU?
NINGUÉM JAMAIS FOI PRA O CÉU SENÃO AQUELE QUE VEIO DE LÁ ...O FILHO DO HOMEM!
ASSIM COMO MOISÉS LEVANTOU A SERPENTE NO DESERTO, O FILHO DO HOMEM TAMBÉM SERÁ LEVANTADO! ENTÃO, TODOS QUE CRÊEM NELE VÃO VIVER PRA SEMPRE COM DEUS!

DEUS AMOU TANTO O MUNDO QUE DEU SEU ÚNICO FILHO!

TODOS QUE CRÊEM NELE NUNCA VÃO MORRER... VÃO VIVER PARA SEMPRE!!!

NICODEMOS ESTAVA DIVIDIDO... ACREDITAVA QUE JESUS ERA O MESSIAS, MAS TAMBÉM SABIA QUE PODERIA PERDER SEU CARGO E PRESTÍGIO...

....

...SE DISSESSE AOS COLEGAS FARISEUS QUE JESUS ERA O MESSIAS!

DEPOIS DA PÁSCOA, JESUS E SEUS DISCÍPULOS SAÍRAM DE JERUSALÉM...

FORAM ESPALHAR AS BOAS NOTÍCIAS EM OUTRO LUGAR!

7. A VOLTA À GALILÉIA

A FESTA ACABOU! AGORA PODEMOS DESCANSAR AQUI NA BEIRA DO RIO!

EPA! VOCÊ SABE QUE NÃO ESTAMOS AQUI DE FÉRIAS!

VENHA AQUI!

No rio Jordão...

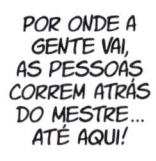

POR ONDE A GENTE VAI, AS PESSOAS CORREM ATRÁS DO MESTRE... ATÉ AQUI!

OLHA TODA ESSA GENTE QUE VEIO SER BATIZADA POR ELE!

VAMOS DESCER ATÉ O RIO... O MESTRE QUER QUE A GENTE FAÇA OS BATISMOS!

VAMOS!!

João 3.22-36   **85**

ENOM

"ÓTIMO!! ELE É QUEM PODE SALVÁ-LOS!"

"FUI ENVIADO POR DEUS PARA PREPARAR O CAMINHO PARA ELE!"

SORRISO

"ENTÃO, ISSO ME DEIXA FELIZ!"

"ELE DEVE GANHAR IMPORTÂNCIA E EU, PERDER!"

João Batista estava contente por ouvir sobre o sucesso de Jesus... mas logo depois, foi preso por Herodes Antipas (o filho do rei Herodes que tentou matar o menino Jesus)!

Herodes mandou prender João porque o rei tinha se casado com a esposa do próprio irmão...

...e João acusou Herodes de ter quebrado a lei com esse casamento!

"COM LICENÇA..."

"MESTRE, O SENHOR SOUBE QUE JOÃO, O BATISTA, FOI PRESO?"

SIM

"...."

João 3.22-36 Lucas 3.19-20

SABIA QUE UM DIA TERIA DE IR À GALILÉIA... LUGAR SOSSEGADO... PARA ANUNCIAR AS BOAS NOTÍCIAS!!

PARECE QUE CHEGOU A HORA!

JESUS E SEUS DISCÍPULOS FORAM PARA A GALILÉIA QUANDO SOUBERAM DA PRISÃO DE JOÃO BATISTA...

GALILÉIA

• CANÁ

• NAZARÉ

SAMARIA

• JERUSALÉM

JUDÉIA

HMMM... TUDO BEM QUE ESTAMOS VOLTANDO PRA GALILÉIA, MAS...

...MAS O QUÊ?!

O PROBLEMA É ESTE CAMINHO! POR QUE A GENTE TEM DE ATRAVESSAR SAMARIA?

É MESMO! NÃO QUEREMOS NADA COM OS SAMARITANOS... ECA!!

SAMARITANOS

HUNF!

O POVO QUE VIVIA NA REGIÃO MONTANHOSA DE SAMARIA ERAM OS SAMARITANOS...

JUDEUS

...GENTE DESPREZADA... ERA IMPENSÁVEL PARA OS JUDEUS DA ÉPOCA TEREM ALGUMA RELAÇÃO SOCIAL COM ELES!

88   João 4.1-42

CALMA... NÃO FALA DESSE JEITO, JOÃO!

VOCÊ NÃO SABE QUE FOI O MESTRE QUE RESOLVEU ASSIM? ENTÃO VAMOS COM ELE!

ELE DEVE SABER O QUE ESTÁ FAZENDO, MESMO QUE A GENTE NÃO ENTENDA NADA!

...E OS PLANOS DELE SEMPRE DÃO CERTO!

TÁ... PEDRO

UMA CIDADE DE SAMARIA...

SICAR

MESTRE, VAMOS PRA CIDADE COMPRAR COMIDA!

....

UMA SAMARITANA...

SPLASH!
CRIIC
CRIIC
VOCÊ PODE ME DAR UM POUCO DE ÁGUA?
!!
....
O SENHOR NÃO É JUDEU?
ENTÃO, COMO É QUE O SENHOR PEDE ÁGUA PARA MIM...
...UMA SAMARITANA?
VOCÊ NÃO SABE O QUE É O PRESENTE DE DEUS...
E TAMBÉM NÃO SABE QUEM ESTÁ LHE PEDINDO UM POUCO DE ÁGUA!
SE SOUBESSE, VOCÊ TERIA PEDIDO E EU TERIA DADO ÁGUA VIVA PARA VOCÊ!
?
MAS O SENHOR NEM TEM BALDE PRA TIRAR ÁGUA!
ESTE POÇO É FUNDO! DE ONDE O SENHOR TIRA ESSA ÁGUA VIVA?!
O SENHOR É MAIS IMPORTANTE DO QUE NOSSO PAI, JACÓ... QUE NOS DEU ESTE POÇO, E BEBEU ÁGUA DELE... JUNTO COM SEUS FILHOS E REBANHOS?

O Jacó de quem a mulher falava era um antepassado tanto dos judeus quanto dos samaritanos!

Ele era muito respeitado entre os samaritanos! ...E o poço era chamado "O poço de Jacó"!

É verdade...

Quem bebe da água deste poço, fica com sede de novo!

Mas quem beber da minha água nunca mais vai ficar com sede!

...A água que eu dou será uma fonte jorrando para a vida eterna!

Senhor, me dê esta água... pra eu nunca mais ter sede...

...nem precisar vir aqui pegar água!

Vá buscar seu marido!

GLUP

Eu -- eu não tenho marido!!

Você tem razão quando diz que não tem marido!

A verdade é que você já teve cinco... e não é casada com o homem com quem vive agora! Você disse a pura verdade!

João 4.1-42

Mulher: ....

Mulher: AI, SENHOR ....

Jesus (fora do quadro): JÁ FAZ MUITO TEMPO QUE NOSSO POVO ADORA A DEUS NO MONTE GERIZIM... MAS VOCÊS JUDEUS DIZEM QUE JERUSALÉM É O ÚNICO LUGAR PRA ADORAR A DEUS!

Mulher: V-VEJO QUE O SENHOR É PROFETA!!

Mulher: P-POSSO FAZER UMA PERGUNTINHA?

Mulher: ENTÃO... QUEM TEM RAZÃO?

Jesus: ACREDITE... ESTÁ CHEGANDO A HORA EM QUE VOCÊ NÃO VAI ADORAR O PAI NEM NESTE MONTE NEM EM JERUSALÉM!

Jesus: ALIÁS, JÁ CHEGOU A HORA ...QUANDO OS VERDADEIROS ADORADORES VÃO ADORAR O PAI EM ESPÍRITO E VERDADE...

...ESSES SÃO OS ADORADORES QUE O DEUS PAI PROCURA ...PORQUE ELE É ESPÍRITO!

Mulher: E-EU SEI QUE O MESSIAS ESTÁ CHEGANDO!

Mulher: QUANDO VIER, VOU TIRAR TODAS AS DÚVIDAS COM ELE !!

Jesus: EU... A PESSOA QUE ESTÁ FALANDO COM VOCÊ...

...É DE MIM QUE VOCÊ ESTÁ FALANDO!

João 4.1-42

ZUNZUM
JESUS !!
TROU-XEMOS UM LANCHE !!
JESUS ?!
E-ELE ESTÁ CONVERSANDO COM...
EPA !!
UMA SAMARITANA !!
OH!
HMM...
AI... EU... EU...
QUE BOM... ELA ESTÁ INDO EMBORA!
TAT TAT TAT
MESTRE, DESCULPE, NÓS DEIXAMOS O SENHOR SOZINHO!
POR FAVOR, COMA UM POUCO!!
NÃO, OBRIGADO...
EU TENHO COMIDA QUE VOCÊ NÃO CONHECE!
A-ALGUÉM TROUXE COMIDA PRO SENHOR... NESTE LUGAR INGRATO?!
FOI ISSO O QUE EU DISSE?

MEU ALIMENTO É FAZER O QUE MEU PAI MANDOU... É TERMINAR O TRABALHO DELE!
VOCÊS DIZEM: "DAQUI A QUATRO MESES VAMOS FAZER A COLHEITA"...
MAS EU DIGO A VOCÊS, ABRAM OS OLHOS! VEJAM ESSES CAMPOS!
APONTAR!
A HORA DA COLHEITA É AGORA!
ZUNZUM
ZUNZUM
AQUELA MULHER TROUXE O POVO DA CIDADE!
VAMOS, GENTE! LÁ ESTÁ ELE !!
ESSE HOMEM ME CONTOU TUDO O QUE JÁ FIZ NA VIDA!
ELE É O MESSIAS !!!
UAU!! OS SAMARITANOS, QUE ODEIAM JUDEUS, ESTÃO RODEANDO O MESTRE !!
AGORA ENTENDO POR QUE ELE NOS TROUXE PRA SAMARIA !!

MUITOS SAMARITANOS DE SICAR CRERAM EM JESUS POR CAUSA DO TESTEMUNHO DA MULHER, E IMPLORARAM A JESUS QUE FICASSE...

ELE FICOU DOIS DIAS, E SEU ENSINO LEVOU MUITOS OUTROS A CRER QUE ELE ERA MESMO O SALVADOR DO MUNDO!

DEPOIS SEGUIRAM PARA A GALILÉIA...!

CAFARNAUM
CANA
NAZARÉ
MAR DA GALILÉIA
SICAR
MAR MORTO

ÊÊÊ!

UAU! MAS QUE RECEPÇÃO!!!

VIVA!

ACHO QUE MUITOS DELES CELEBRARAM A PÁSCOA EM JERUSALÉM E VIRAM O QUE O MESTRE FEZ POR LÁ!

OS DISCÍPULOS ESTAVAM FICANDO CHEIOS DE SI...

MAS JESUS NÃO ACEITAVA OS LOUVORES DAS PESSOAS...

JESUS PASSAVA MUITO TEMPO COM DEUS PAI... E NÃO CONFIAVA EM NINGUÉM... SENÃO EM DEUS...

João 4.43-54

8. O CAMINHO DO MAR

— EI! VOCÊ SABE PRA ONDE O MESTRE RESOLVEU IR AGORA?

— SEI... PRO NORTE DA GALILÉIA... VAMOS VOLTAR PARA CAFARNAUM!

— HMMM... VAMOS TER DE PASSAR POR UM MONTE DE VILAS ATÉ CHEGAR LÁ!

— É... ACHO QUE O PLANO É DAR UMA PARADA EM CANÁ E NAZARÉ!

CANÁ!

CANÁ

— FOI LÁ QUE JESUS TRANSFORMOU ÁGUA EM VINHO... O PRIMEIRO MILAGRE DELE!

— SENHOR!!
— SENHOR!!

CLOP CLOP *CLOP CLOP*

96 João 4.46-54

? QUEM É?

PSSIU!! PARECE UM ROMANO MUITO IMPORTANTE!!

ARF ARF ARF

EU... (UFA) EU SOU...
...UM OFICIAL DO REI HERODES ANTIPAS...
...SOU DE CAFARNAUM!

CAFARNAUM!? É PRA LÁ QUE ESTAMOS INDO!

MAS FICA BEM LONGE... E... TEMOS MUITAS MONTANHAS ATÉ LÁ...

HÃ?!

AI, SENHOR! E-EU IMPLORO!

MEU FILHO ESTÁ MORRENDO! POR FAVOR, TENHA MISERICÓRDIA DELE!

JÁ OUVI FALAR DOS MILAGRES QUE O SENHOR FEZ... VENHA COMIGO PARA CAFARNAUM, POR FAVOR... RÁPIDO!!

João 4.46-54

ENTÃO É POR ISSO QUE ELE VEIO COM TANTA PRESSA...

MAS O REI HERODES ANTIPAS É O QUE MANDOU PRENDER JOÃO BATISTA!

NÓS NÃO QUEREMOS NADA COM ELE! O QUE SERÁ QUE O MESTRE VAI FAZER?

PARECE QUE VOCÊS NUNCA VÃO CRER...
...A NÃO SER QUE VEJAM SINAIS E MILAGRES!!

SENHOR, VENHA ATÉ MINHA CASA ANTES QUE MEU FILLHO MORRA! NÃO PODEMOS PERDER TEMPO!!

....

PODE VOLTAR SEM MIM...

SEU FILHO VAI VIVER!!

N-NÃO VEM?! ...E MANDA EU VOLTAR... SERÁ QUE ... ELE ESTÁ ME TESTANDO?

M-MUITO OBRIGADO!!

VOU PRA CASA!

NO DIA SEGUINTE...

É, ELE QUER VER SE EU ACREDITO... SÓ DE OUVIR... SEM CONFERIR DE PERTO! ...EU ...EU TENHO QUE CONFIAR NELE!

CLOP CLOP
CLOP CLOP
SENHOR!! TENHO BOAS NOTÍCIAS!
MEUS EMPREGADOS !!
AH !!
QUANDO É QUE COMEÇOU A MELHORAR ?!
S-SEU FILHO ESTÁ BOM !!!
A FEBRE FOI EMBORA ONTEM À UMA DA TARDE!
FOI EXATAMENTE NESSA HORA QUE JESUS DISSE AO OFICIAL: "SEU FILHO VAI VIVER!"
QUANDO ELE CONTOU A HISTÓRIA, A FAMÍLIA INTEIRA CREU EM JESUS!
NAZARÉ
"O ESPÍRITO DO SENHOR..."
"...ESTÁ SOBRE MIM!"
ESTAMOS NA CIDADE NATAL DO MESTRE... COM CERTEZA ELE SERÁ BEM RECEBIDO !!
...OU NÃO!
BZZZ...
BZZZ...
O MESTRE ESTÁ LENDO O LIVRO DO PROFETA ISAÍAS!

"...PORQUE ELE ME SEPAROU PARA PREGAR AS BOAS NOTÍCIAS!"

HOJE ESTA PASSAGEM SE CUMPRIU... ENQUANTO VOCÊS ME OUVIAM!

ZUNZUM
ZUNZUM
ZUNZUM

HÃ? QUEM VOCÊ PENSA QUE É?!

NÃO VENHA DAR UMA DE MESTRE PRA CIMA DE NÓS, MEU FILHO!!

É ISSO! ESSA GENTE CONHECE O MESTRE DESDE PEQUENO...

AINDA ACHAM QUE ELE É AQUELE GAROTINHO DA VIZINHANÇA!

É! VOCÊ TEM RAZÃO!! SABEMOS QUE VOCÊ É UM ZÉ-NINGUÉM... NÃO PASSA DE UM FILHO DE CARPINTEIRO!!

É VERDADE... NENHUM PROFETA É ACEITO EM SUA TERRA NATAL!

OS MAIORES PROFETAS SÓ CONSEGUIAM FAZER MILAGRES... FORA DE ISRAEL!!

PROFETA?! PRIMEIRO, ARROGÂNCIA... AGORA, INSULTOS?! CHEGA!!

VAMOS ARRASTÁ-LO PRA FORA DA CIDADE... E JOGÁ-LO NO PRECIPÍCIO!!

Mateus 13.53-58 Marcos 6.1-6 Lucas 4.16-30

AH, NÃO!! O MESTRE CORRE PERIGO!

VAMOS SOCORRÊ-LO!!!

MAS JESUS PASSOU PELA MULTIDÃO E FOI EMBORA!

JESUS E SEUS DISCÍPULOS DEIXARAM NAZARÉ... FORAM PARA CAFARNAUM, JUNTO AO MAR DA GALILÉIA!

ELES SE ESTABELECERAM NA CIDADE E DALI SAÍRAM PARA ENSINAR

SPLASSHH!

DEUS ME ENVIOU PARA LIBERTAR OS PRESOS E OPRIMIDOS...

... E PARA DIZER A TODOS QUE ESTE É O TEMPO DO FAVOR DE DEUS!

SWASH   SWASH

Mateus 4.13-17   13.53-58   Marcos 6.1-6   Lucas 4.16-30   **101**

ESCUTA, MANO...
QUE FOI, ANDRÉ?
BOM, NA HORA EM QUE CONHECEMOS JESUS, FALAMOS QUE QUERÍAMOS SER DISCÍPULOS DELE...
E TAMBÉM VIMOS MUITOS MILAGRES FEITOS POR ELE!
E DAÍ?
MAS AINDA CONTINUAMOS PESCANDO...
SEMPRE QUE VOLTAMOS PRA CÁ, COMEÇAMOS A VENDER PEIXE DE NOVO!
FICO PENSANDO... SE ISSO ESTÁ CERTO...
COMO ASSIM? ESTÁ DIZENDO QUE A GENTE DEVIA LARGAR TUDO ... PRA FICAR SÓ COM JESUS?!
É... ESTOU!
SPLASH!
ARRE! NADICA DE NADA! DE NOVO! REDE VAZIA! O QUE FIZEMOS DE ERRADO? ESTAMOS AQUI A NOITE INTEIRA!!
SWASH
SWASH

PARECE QUE TIAGO E JOÃO TAMBÉM NÃO PESCARAM NADA!

DESÂNIMO

TALVEZ VOCÊ TENHA RAZÃO... QUEM SABE DEUS ESTÁ DIZENDO QUE NÃO NASCEMOS PRA PESCAR!

SIMÃO PEDRO! FAZ UM FAVOR PRA MIM?

PRECISO DE ESPAÇO PARA ENSINAR... QUERO USAR SEU BARCO... VOCÊ PODE AFASTAR O BARCO UM POUCO DA PRAIA?

É PRA JÁ, MESTRE!

Lucas 5.1-11   **103**

SIMÃO PEDRO! AGORA VAMOS MAIS FUNDO... LANCE A REDE ... VAMOS PESCAR!
O-O QUÊ?! MESTRE, TRABALHAMOS DURO... A NOITE TODA... E NÃO PESCAMOS NADA !!
MANO ... É O MESTRE QUE ESTÁ MANDANDO! VAMOS FAZER O QUE ELE MANDA... JOGUEM AS REDES !!
WHOOSSH
?!
UAU !!
FLOP!
FLOP!
FLOP!
FLOP!
U-UAU!! É UMA PESCA E TANTO!
NEM DÁ PRA PUXAR A REDE!
?!
TIAGO! JOÃO! VENHAM AJUDAR!!
EU JÁ VI MUITOS MILAGRES DELE, MAS ISTO AQUI...
EU SABIA! ELE É... ELE SÓ PODE SER O...

M-MESSIAS!!!
NÃO!!
CÉUS!...
NÃO, SENHOR! AFASTE-SE DE MIM!
SOU PECADOR!!
NÃO TENHA MEDO! DAQUI PRA FRENTE, VOCÊ VAI PESCAR PESSOAS!
PESCAR PESSOAS?!!
ATÉ AGORA, VOCÊ VIVIA ATRÁS DE PEIXES!
AGORA VOCÊ VAI PESCAR PESSOAS PARA O REINO DE DEUS!
TIAGO E JOÃO TAMBÉM DEIXARAM DE TRABALHAR COM SEU PAI, ZEBEDEU!
CHEGOU A HORA DE ABANDONAREM TUDO PARA SEGUIR JESUS!
SIMÃO PEDRO E ANDRÉ ENTENDERAM O QUE JESUS ESTAVA DIZENDO E DEIXARAM OS BARCOS NA PRAIA...

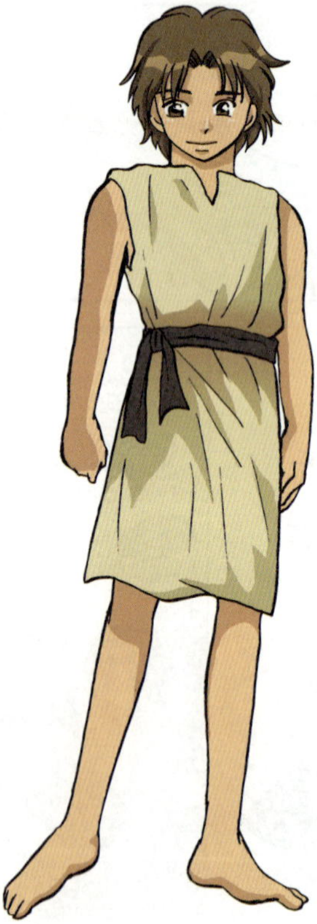

Capítulo 2

9. MILAGRES MESSIANICOS
NO PRIMEIRO SÁBADO DEPOIS QUE OS QUATRO PESCADORES SE COMPROMETERAM A SER DISCÍPULOS EM TEMPO INTEGRAL...
JESUS ESTAVA FALANDO NA SINAGOGA EM CAFARNAUM...
O POVO ESTAVA MARAVILHADO COM O ENSINO DELE!
É MESMO! ELE FALA COM AUTORIDADE !!!
BAM!
É BEM DIFERENTE DE TUDO O QUE JÁ OUVIMOS DOS PROFESSORES DA LEI!
EIIII! JESUS DE NAZARÉ...
VÁ EMBORA!! VOCÊ VEIO PRA NOS DESTRUIR?
AAHH-- UHHHH UHH URRH --
O DEMÔNIO ESTÁ FALANDO POR MEIO DELE...
!!!
QUIETO! SAIA DESSE HOMEM !!!
SSSSSSSS...
PLOFT!
É O MÁXIMO !!
UAUUU
ESSE SUJEITO MANDA ATÉ NOS DEMÔNIOS --!?!

MORAMOS BEM PERTINHO, NÃO É, ANDRÉ?

SIM!

JÁ QUE A REUNIÃO ACABOU, VENHA DAR UMA RELAXADA LÁ EM CASA...

AI, SIMÃO, QUE BOM QUE VOCÊ CHEGOU...

O QUÊ? SUA MÃE ESTÁ COM FEBRE ALTA?

NÃO SE PREOCUPEM... EU CUIDO DELA!

AHHH, JESUS ...

FEBRE! VOCÊ ESTÁ CAUSANDO SOFRIMENTO A ESTA SENHORA...

ORDENO QUE SAIA DELA!!

A SENHORA VAI FICAR BEM... A FEBRE VAI PASSAR!

OBRIGADA! A FEBRE SUMIU! VOU PREPARAR O ALMOÇO PRA VOCÊS!

VOU FAZER UMA COMIDA BEM GOSTOSA!!

C-COMO?!!

Marcos 1.29-31   Lucas 4.38-39   **109**

Quando o sol se pôs, o povo de Cafarnaum levou a Jesus muita gente doente e possuída por demônios...

Jesus, me cura, por favor!!

Eu imploro... me cura também!

...porque ouviram o que tinha acontecido antes!

Ahhh... estou vendo! Estou enxergando tudo!

Meus pés! Eu era aleijado... agora não sou mais!!

Na manhã seguinte

Ao clarear o dia, Jesus procurou um lugar onde pudesse orar sozinho...

Achei!

Mestre!!

Todo mundo está procurando o Senhor! Há muitos querendo ser curados!

110   Marcos 1.32-34, 1.35-37   Lucas 4.40-41, 4.42-43

VAMOS PRA OUTRA VILA... QUERO PREGAR LÁ TAMBÉM.

É PARA ISSO QUE FUI ENVIADO!

...

DALI EM DIANTE, JESUS COMEÇOU A PERCORRER TODA A GALILÉIA COM OS DISCÍPULOS...

ELE ENSINAVA NAS SINAGOGAS, CURAVA OS DOENTES, EXPULSAVA DEMÔNIOS...

E SUA FAMA SE ESPALHOU POR TODA A REGIÃO!

UHH... UHH...

ELE CUROU ATÉ LEPROSOS...!

SENHOR... AH, SENHOR! SEI QUE SE O SENHOR QUISER... PODE ME CURAR... SÓ COM UM TOQUE!

TOCAR NELE?! QUEM VAI QUERER TOCAR UM LEPROSO!!

VAMOS PEGAR ESSA DOENÇA TERRÍVEL!

UNHH

EU QUERO... E VOU!!

O MESTRE TOCOU NO LEPROSO !?!

SEJA CURADO !!!

Mateus 8.1-4   Marcos 1.38-45   Lucas 5.12-16   111

AII!

ESTOU CURADO!!!

ESCUTA... NÃO CONTE NADA PRA NINGUÉM!

AIIIIII!

ESTOU LIMPO!! AS FERIDAS SUMIRAM!!

AGORA VÁ... APRESENTE-SE AOS SACERDOTES ... E OFEREÇA OS SACRIFÍCIOS EXIGIDOS PELA LEI DE MOISÉS!

SIM, SENHOR!!

E ESSAS NOTÍCIAS VÃO SE ESPALHAR NUM PISCAR DE OLHOS!

DAQUI PRA FRENTE, VAI SER MAIS DIFÍCIL O MESTRE VIAJAR SEM CHAMAR ATENÇÃO!

TAT TAT TAT

O MESTRE DISSE PRA NÃO CONTAR NADA PRA NINGUÉM... MAS ESSE CARA ESTÁ ANIMADO DEMAIS PRA CALAR A BOCA!

HYUUUUU...

112 Mateus 8.1-4 Marcos 1.38-45 Lucas 5.12-16

ARF ARF ARF

JÁ ESTAMOS CHEGANDO À CASA DE SIMÃO PEDRO

JESUS VAI CURAR SUA PARALISIA, CARA! FICA FIRME AÍ... ESTAMOS QUASE LÁ!!

ETA! OLHA TODA ESSA GENTE... COM CERTEZA, TAMBÉM FICARAM SABENDO QUE JESUS ESTÁ AQUI!

NÃO TEM JEITO DE BOTÁ-LO LÁ DENTRO!

HMM...

!!

Mateus 9.1-8   Marcos 2.1-12   Lucas 5.17-26   113

Mateus 9.1-8   Marcos 2.1-12   Lucas 5.17-26

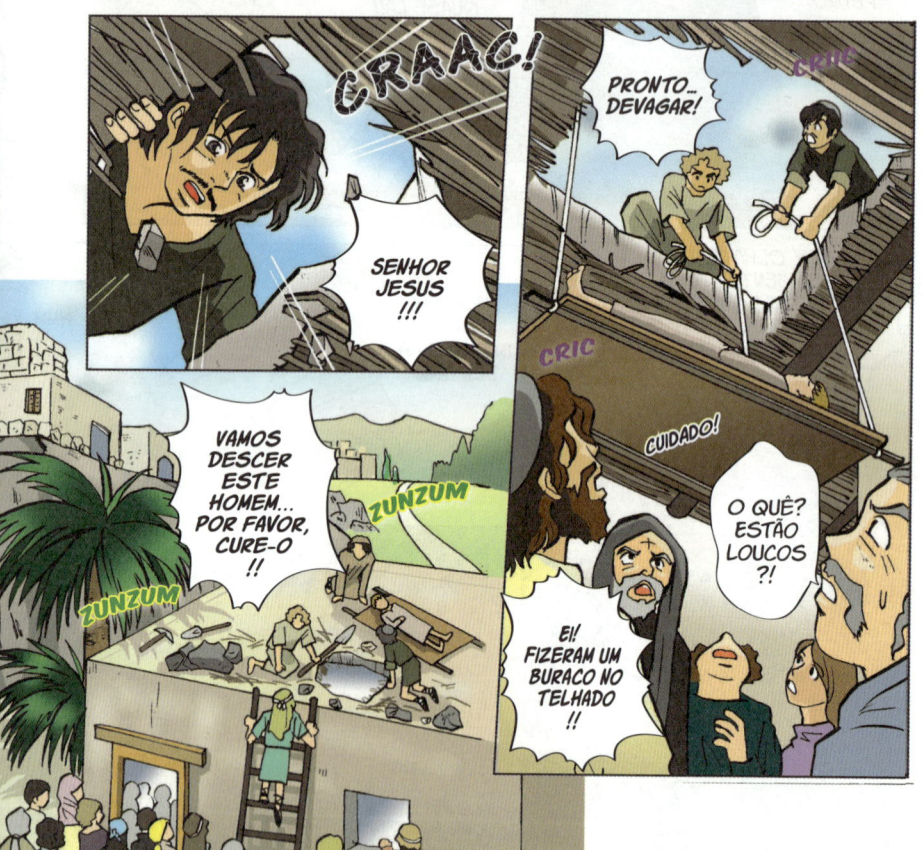

ZUNZUM

JESUS, POR FAVOR, AJUDE-O!

FAZ TEMPO QUE ELE É PARALÍTICO!

ZUNZUM

FILHO...

SEUS PECADOS...

ESTÃO PERDOADOS!!

JE... JES...

JESUS!!!

Mateus 9.1-8   Marcos 2.1-12   Lucas 5.17-26   115

HUNF! COMO É QUE UM SIMPLES HOMEM PERDOA PECADOS? ISSO É BLASFÊMIA!
QUEM ELE PENSA QUE É? SÓ DEUS PODE PERDOAR PECADOS !!
COMO SE ATREVE?!
GLUP!
POR QUE VOCÊS ESTÃO COM ESSES PENSAMENTOS NO CORAÇÃO?
O QUE É MAIS FÁCIL DIZER... "SEUS PECADOS ESTÃO PERDOADOS" OU "LEVANTE-SE E ANDE"?
AS DUAS COISAS SÃO FÁCEIS DE FALAR, MAS DIFÍCEIS DE FAZER, NÃO É MESMO?
MAS PARA QUE VOCÊS SAIBAM QUE O FILHO DO HOMEM TEM AUTORIDADE NA TERRA PARA PERDOAR PECADOS...
DIGO-LHE AGORA... LEVANTE-SE!
PEGUE SUA CAMA ... E VÁ ANDANDO PRA CASA!!

NÃO SAÍA DA CAMA... E AGORA ESTÁ ANDANDO POR AÍ... É IMPRESSIONANTE!!

SÉRIO?! O CARA ERA PARALÍTICO MESMO?!

HMMM... NÃO SERIA MUITO LEGAL CONHECER ESSE MILAGREIRO QUE ESTÁ NA BOCA DO POVO?!

ME ENGANA QUE EU GOSTO! SOU COBRADOR DE IMPOSTOS... TODO MUNDO ME ODEIA!

MATEUS

TODOS ACHAM QUE ESTOU DO LADO DOS ROMANOS, SÓ PORQUE SOU COBRADOR DE IMPOSTOS!

NINGUÉM QUER SABER DE MIM... NINGUÉM LIGA PRA MIM!

SIGA-ME...

AI! COITADO DE MIM

MATEUS...

Mateus 9.9-13 Marcos 2.13-17 Lucas 5.27-32 **117**

......
VOU LARGAR TUDO PRA SEGUIR O SENHOR!!
O SENHOR... O SENHOR É...??
E ASSIM FOI ESCOLHIDO MATEUS, O SÉTIMO DISCÍPULO...
HAHAHAHA!
BLÁ BLÁ
BLÁ BLÁ
....
COMO É O MATEUS QUE ESTÁ DANDO ESTE JANTAR...
TODO MUNDO AQUI É COBRADOR DE IMPOSTOS... OU PIOR!
MAS...GENTE, DEPOIS DE CONHECÊ-LOS, VOCÊ DESCOBRE QUE NÃO SÃO TÃO RUINS ASSIM, NÃO É?
GRRR...
ONDE JÁ SE VIU?! NA CASA DE UM COBRADOR DE IMPOSTOS?! ELE É PECADOR!!
AAAIIIEEE
IMAGINE SÓ! ESTÃO JANTANDO JUNTOS!

AQUELES FARISEUS VOLTARAM, ESTÃO ESPIANDO...
...EM BUSCA DE ALGO PRA ACUSAR O MESTRE!
BZZZ...
BZZZ...
ZZZH
OS DOENTES É QUE PRECISAM DE MÉDICO!
VIM ATRÁS DE PECADORES PARA QUE MUDEM DE VIDA !!!
NÃO VIM PARA OS QUE SE ACHAM BONS E JÁ SE VÊEM COM UM LUGAR GARANTIDO NO CÉU!
GRRR!
FOI A PRIMEIRA DE MUITAS DISCUSSÕES ENTRE ELES...!
QUANDO OS FARISEUS E PROFESSORES DA LEI PERCEBERAM QUE O POVO CONFIAVA MAIS EM JESUS DO QUE NELES, PASSARAM A ODIÁ-LO AINDA MAIS!
É ISSO AÍ!!

GELADA

"OLHA LÁ... OS DISCÍPULOS DE JOÃO BATISTA E OS FARISEUS ESTÃO CHEGANDO JUNTOS!!"

"OPS... VIERAM PRA DISCUTIR DE NOVO!"

"ACERTAMOS... LÁ VÊM ELES!!"

"JESUS, SE TEMOS O COSTUME DE JEJUAR* ... E OS DISCÍPULOS DE JOÃO TAMBÉM JEJUAM... POR QUE OS SEUS DISCÍPULOS NÃO JEJUAM?"

POINT!

*NA ÉPOCA, OS JUDEUS COSTUMAVAM JEJUAR DUAS VEZES POR SEMANA

"OS CONVIDADOS DO NOIVO VÃO FICAR DE JEJUM DURANTE A FESTA DO CASAMENTO? CLARO QUE SÓ VÃO JEJUAR DEPOIS."

"NINGUÉM FAZ UM REMENDO COM PANO NOVO..."

"...EM ROUPA VELHA!"

"O REMENDO NOVO RASGARÁ A ROUPA VELHA!"

"E QUEM DESPEJA VINHO NOVO EM ODRES VELHOS?"

"NÃO! VINHO NOVO É DESPEJADO EM ODRES NOVOS!"

120 Mateus 9.14-17 Marcos 2.18-22 Lucas 5.33-39

JESUS FALAVA DESSAS COISAS EM PARÁBOLAS ("HISTÓRIAS DO DIA-A-DIA COM SIGNIFICADO ESPIRITUAL")...

ELE USAVA PARÁBOLAS PARA MOSTRAR AO POVO COMO O ENSINO DELE ERA DIFERENTE DOS COSTUMES ANTIGOS DOS FARISEUS...

ESTAVA CHEGANDO A SEGUNDA PÁSCOA DEPOIS QUE JESUS COMEÇOU SEU MINISTÉRIO...

UAUUU... É SEMPRE UMA EXPERIÊNCIA EMOCIONANTE ATRAVESSAR OS PORTÕES DE JERUSALÉM, A CIDADE SANTA!

ESTE É O PORTÃO DAS OVELHAS... DEPOIS VEM O TANQUE DE BETESDA, TODO CERCADO DE COLUNAS!

OLHA TODOS ESSES CEGOS, COXOS E PARALÍTICOS DEITADOS PERTO DO TANQUE!!

M-MAS P-POR QUÊ...?!

O POVO ACREDITA QUE AS ÁGUAS DESTE TANQUE PODEM CURAR DOENÇAS... POR ISSO TEM TANTA GENTE!

TENHO É PENA DELES!

João 5.1-47 **121**

VOCÊ QUER FICAR BOM?
...
SENHOR... SOU ALEIJADO... HÁ 38 ANOS ... TENHO CERTEZA QUE EU PODERIA FICAR BOM... SE CONSEGUISSE... ENTRAR NA ÁGUA...
MAS NINGUÉM ME AJUDA... A ENTRAR NO TANQUE...
PEGUE SUA CAMA ... E ANDE!!
LEVANTE-SE!
EU?! ... LEVANTAR ?!!
V-VOU TENTAR-- VOU-- OH-- OHHH!!
O MESTRE FEZ MAIS UMA! CUROU OUTRA DOENÇA BRABA !!
E CUROU SÓ COM PALAVRAS !!

OLHA!! OLHA LÁ! ELE PEGOU A CAMA E SAIU ANDANDO... ISSO NÃO É TRABALHAR?... E HOJE NÃO É SÁBADO?... ISSO É CONTRA A LEI!
EI! É, VOCÊ MESMO!! POR QUE VOCÊ ESTÁ CARREGANDO ISSO NO SÁBADO?!
O HOMEM QUE ME CUROU DISSE: "PEGUE SUA CAMA E ANDE!" ... EU SÓ OBEDECI!
QUE ME CUROU... ?!
SERÁ QUE É O HOMEM QUE ESTÁ NA BOCA DO POVO?
É! É ELE! ESTÁ BEM ALI!!
ZUPT!
JESUS DE NAZARÉ !!
É PROIBIDO CURAR DOENTES E CARREGAR COISAS NO SÁBADO! A LEI É BEM CLARA!
O MESSIAS SABERIA DISSO ... DAÍ, VOCÊ NÃO PODE SER O MESSIAS!!

MEU PAI CONTINUA TRABALHANDO ...ATÉ HOJE!

É POR ISSO QUE EU TAMBÉM TRABALHO!!

O-O QUÊ--?!

VOCÊ-- VOCÊ SE ATREVE A CHAMAR DEUS DE PAI ?!

ELE ESTÁ DIZENDO QUE É IGUAL A DEUS!! PRECISAMOS DAR UM JEITO NESSE JESUS!!

E essas discussões a respeito do sábado continuaram...

Às margens do Rio Jordão, no caminho entre Galiléia e Jerusalém...

HMMM... NOSSA COMIDA ESTÁ QUASE ACABANDO!

EI! VAMOS COMER ESTE TRIGO!!

SNAP

NHAC NHAC NHAC

AH HA!!!

PEGAMOS!!

FUUU

124 Mateus 12.1-8 Marcos 2.23-28 Lucas 6.1-5 João 5.1-47

HI HI HI HI

É PROIBIDO TRABALHAR NO SÁBADO! ENTÃO POR QUE ESTAVAM COLHENDO TRIGO?!!

....

HA HA HA

O SÁBADO É QUE FOI CRIADO PARA AS PESSOAS... AS PESSOAS NÃO FORAM CRIADAS PARA O SÁBADO!

E O FILHO DO HOMEM TEM AUTORIDADE... ATÉ SOBRE O SÁBADO!

AAAIIIEEE

PERDEMOS DE NOVO!

EPA! AGORA ESTÁ INDO PRA SINAGOGA!

JESUS!!

JESUS!!

POR FAVOR... POR FAVOR! DÊ UM JEITO NA MINHA MÃO!!

ELA NÃO MEXE... NÃO CONSIGO FAZER NADA!!

OLHA! ELE VAI CURAR DE NOVO! AÍ VAMOS PEGÁ-LO EM MAIS UM CRIME CONTRA A LEI!

Mateus 12.1-15 Marcos 3.1-6 Lucas 6.6-11

O QUE É MELHOR: ...FAZER COISAS BOAS... OU COISAS RUINS NO SÁBADO?! QUEM ME RESPONDE...?!

PESSOAL, UM MINUTO DE ATENÇÃO!!!

ESTIQUE A MÃO!

AHHH!! CONSIGO MEXER A MÃO!!

toque!

ESSE-- ESSE SUJEITO É MUITO IRRITANTE!! E O POVO ESTÁ CAINDO NA DELE E EM SUAS RESPOSTAS ODIOSAS!!

PRECISAMOS ACABAR COM ELE... CASTIGÁ-LO POR TER JOGADO O POVO CONTRA NÓS!

VAMOS PEDIR AJUDA À TURMA DE HERODES... PRECISAMOS UNIR NOSSAS FORÇAS!

MAS TUDO O QUE O PROFETA ISAÍAS DISSE SERÁ CUMPRIDO!

AGORA VÃO TRAMAR A MINHA MORTE...

Mateus 12.1-21   Marcos 3.1-6   Lucas 6.6-11

"ESTE É MEU SERVO. EU O SUSTENTO. EU O ESCOLHI E NELE TENHO MUITO PRAZER. NELE COLOQUEI MEU ESPÍRITO. ELE FARÁ JUSTIÇA ENTRE AS NAÇÕES. ELE NÃO FICARÁ GRITANDO PELAS RUAS, CHAMANDO ATENÇÃO PARA SI..."

Depois disso, Jesus subiu a montanha para estar a sós...

...e lá passou a noite toda orando a Deus!

Na manhã seguinte...

PEDRO!

Dentre os mais de 100 discípulos, vou escolher doze... para serem meus mensageiros especiais...

...meus apóstolos seletos!!!

ANDRÉ!

Marcos 3.7-12   Mateus 12.17-21   Isaías 42.1-2

S-SIM!
SIM!
TIAGO, FILHO DE ZEBEDEU!
SIM!
...SEU IRMÃO, JOÃO!
SIM!!
FILIPE!
NATANAEL BARTOLOMEU!
MATEUS, O COBRADOR DE IMPOSTOS!
TADEU E TOMÉ!
TIAGO, FILHO DE ALFEU! SIMÃO, O ZELOTE!
E...
JUDAS ISCARIOTES!
É CLARO
...

Mateus 10.1-4   Marcos 3.13-19   Lucas 6.12-16   **129**

10. O SERMÃO NO MONTE

ABENÇOADOS OS QUE RECONHECEM SUA NECESSIDADE ESPIRITUAL, POIS DELES É O REINO DOS CÉUS!

Oito bênçãos

ABENÇOADOS OS QUE FICAM TRISTES...

POIS SERÃO CONSOLADOS!

ABENÇOADOS OS QUE SÃO BONS E HUMILDES DE CORAÇÃO...

POIS HERDERÃO A TERRA!

ABENÇOADOS OS QUE TÊM FOME E SEDE DE JUSTIÇA...

POIS RECEBERÃO COM FARTURA!

ABENÇOADOS OS QUE TÊM MISERICÓRDIA DOS OUTROS...

POIS RECEBERÃO MISERICÓRDIA!

ABENÇOADOS OS QUE TÊM CORAÇÃO PURO...

POIS VERÃO A DEUS!

ABENÇOADOS OS QUE BUSCAM A PAZ...

POIS SERÃO CHAMADOS FILHOS DE DEUS!

ABENÇOADOS OS QUE SOFREM POR FAZEREM O QUE É CERTO...

POIS O REINO DO CÉU É DELES!

PERSEGUIÇÃO

VOCÊS SÃO ABENÇOADOS QUANDO RIEM DE VOCÊS, MALTRATAM VOCÊS OU MENTEM SOBRE VOCÊS POR MINHA CAUSA!

QUANDO ISSO ACONTECER, FIQUEM ALEGRES... POIS SUA RECOMPENSA NO CÉU SERÁ GRANDE!

SAL DA TERRA, LUZ DO MUNDO

VOCÊS SÃO O SAL DA TERRA! MAS SE O SAL DEIXAR DE SALGAR... VAI SERVIR PRA QUÊ?!

VOCÊS SÃO A LUZ DO MUNDO! ENTÃO, DEIXEM SUA LUZ BRILHAR FORTE DIANTE DOS OUTROS...

ASSIM, ELES VERÃO AS COISAS BOAS QUE VOCÊS FAZEM, E LOUVARÃO O PAI CELESTIAL DE VOCÊS!

SOBRE A LEI

NÃO PENSEM QUE EU VIM ACABAR COM A LEI E OS PROFETAS DE DEUS... NÃO! VIM PARA DAR SIGNIFICADO COMPLETO AO QUE JÁ FOI ESCRITO!

NÃO FIQUEM COM RAIVA

VOCÊS CONHECEM O ANTIGO MANDAMENTO "NÃO MATARÁS"...

MAS EU DIGO A VOCÊS AGORA: BASTA VOCÊS FICAREM COM RAIVA DE SEU IRMÃO...E SERÃO JULGADOS!

NÃO ADULTEREM

VOCÊS CONHECEM BEM O PRÓXIMO MANDAMENTO... "NÃO ADULTERARÁS"...

MAS EU DIGO: QUEM OLHAR OUTRA PESSOA COM DESEJO DE A POSSUIR...

JÁ COMETEU ADULTÉRIO NO CORAÇÃO!

Mateus 5.11-30

Não se divorciem

No princípio, Deus criou o homem e a mulher -- um para o outro... em sua própria imagem espiritual...

Então, quando um homem se une à sua esposa em casamento, eles se tornam um corpo só! Deus planejou assim; então, ninguém nunca deve tentar separá-los!

Não prometam o que não podem cumprir!

O que fazer se alguém lhe der um tapa na cara? Vou dizer... dê-lhe o outro lado também!

Não se vinguem

Vocês podem tornar branco ou preto um único fio de seu cabelo!?

Não façam promessas! Diga "sim" ou "não"... e cumpram!

Amem seus inimigos! Orem por quem machuca vocês!

Não façam promessas

Amem como são amados por Deus

...e não deixem sua mão esquerda saber o que a direita está fazendo!

Orem a Deus com simplicidade e honestidade... de coração... desta maneira...

Ajudem os pobres sem fazer alarde

Mateus 5.31-6.4 Marcos 10.1-12 Lucas 16.18, 6.27-36

> PAI DO CÉU, QUE O SEU SANTO NOME SEJA HONRADO E GLORIFICADO ACIMA DE TODA A CRIAÇÃO...

> DÊ-NOS AQUILO QUE NECESSITAMOS HOJE...

> QUE O SEU REINO TERRENO SEJA BEM RECEBIDO, PARA QUE SUA LIDERANÇA SEJA RESPEITADA E OBEDECIDA AQUI NO MUNDO...

> E PERDOE NOSSOS PECADOS DO MESMO JEITO QUE PERDOAMOS OS QUE PECAM CONTRA NÓS!

> ...EXATAMENTE COMO É NO CÉU!

> IMPEÇA-NOS DE CAIR QUANDO SOMOS TENTADOS...

> E LIVRE-NOS DO INIMIGO!

ORAÇÃO

> QUANDO JEJUAREM, MANTENHAM UMA BOA APARÊNCIA, E GUARDEM SEGREDO SOBRE O ASSUNTO... SEU PAI NO CÉU VERÁ SUA ATITUDE E RECOMPENSARÁ VOCÊ...

JEJUM

RIQUEZAS ETERNAS

> NÃO SE APEGUEM À RIQUEZA TERRENA... COMECEM A POUPAR RIQUEZAS CELESTIAIS!

> OS OLHOS SÃO A LÂMPADA DO CORPO... SE SEUS OLHOS FOREM BONS, SEU CORPO TODO SERÁ CHEIO DE LUZ... MAS SE SEUS OLHOS FOREM MAUS, VOCÊ ESTARÁ MERGULHADO EM ESCURIDÃO, COM TODA CERTEZA!

OS OLHOS: A LÂMPADA DO CORPO

DEUS E AS RIQUEZAS

É IMPOSSÍVEL SERVIR A DEUS E AO DINHEIRO! UM OU O OUTRO SERÁ SEU PATRÃO!

NÃO SE PREOCUPEM

NÃO SE PREOCUPEM COM O QUE COMER... BEBER... OU VESTIR!

SEU PAI CELESTE SABE EXATAMENTE O QUE VOCÊS PRECISAM!

NÃO CONDENEM OS OUTROS

NÃO CONDENEM OS OUTROS! VOCÊS SERÃO JULGADOS DO MESMO JEITO QUE JULGAREM!

PEÇAM A DEUS

É SÓ PEDIR...

E RECEBERÃO!

PORTA ESTREITA E PORTA LARGA

POUCA GENTE ENCONTRA O VERDADEIRO CAMINHO QUE LEVA A DEUS!

A PORTA QUE LEVA À MORTE É LARGA, MAS A QUE LEVA À VIDA É ESTREITA!

CUIDADO COM OS FALSOS PROFETAS

TODA ÁRVORE BOA PRODUZ BONS FRUTOS!!

MAS A ÁRVORE RUIM PRODUZ FRUTOS RUINS! VOCÊS OS RECONHECERÃO PELOS FRUTOS!

"NEM TODO MUNDO QUE SE DIZ MEU DISCÍPULO ENTRARÁ NO REINO DE DEUS. SÓ ENTRARÃO AQUELES QUE FAZEM MESMO A VONTADE DE MEU PAI!

NO JULGAMENTO FINAL, MUITOS SE ORGULHARÃO DE TEREM FEITO GRANDES COISAS EM MEU NOME, MAS EU LHES DIREI: "SAIAM DAQUI! NÃO CONHEÇO VOCÊS!""

QUEM VAI ENTRAR NO REINO?

"TODOS OS QUE OUVEM MINHAS PALAVRAS E OBEDECEM SÃO COMO O HOMEM QUE CONSTRÓI SUA CASA NA ROCHA!

OS VENTOS PODEM SOPRAR E AS ENCHENTES PODEM VIR, MAS A CASA CONSTRUÍDA NA ROCHA FICARÁ EM PÉ!"

O ALICERCE FIRME

DEPOIS DE DIZER TUDO ISSO, JESUS DESCEU DO MONTE... E GRANDES MULTIDÕES O SEGUIRAM!

Mateus 7.21-29   Lucas 13.25-27, 6.46-49

A MENSAGEM ENTUSIASMADA DE JESUS AUMENTOU SUA POPULARIDADE...
... E SEUS MUITOS MILAGRES RAPIDAMENTE TORNARAM SEU NOME CONHECIDO POR TODOS OS CANTOS!
DOIS EVENTOS IMPORTANTES ACONTECERAM NESSA ÉPOCA...
PRIMEIRO, JESUS CUROU O SERVO DE UM OFICIAL ROMANO, EM CAFARNAUM...
SENHOR, SEI BEM COMO É DAR E RECEBER ORDENS...
POR ISSO, SEI QUE SE O SENHOR ORDENAR, MEU SERVO FICARÁ CURADO!
IMPRESSIONANTE!! NÃO ENCONTREI ESSE TIPO DE FÉ EM LUGAR NENHUM DE ISRAEL!
VOLTE PRA CASA! O QUE VOCÊ PEDIU SERÁ FEITO!
DEPOIS, ELE RESSUSCITOU O FILHO ÚNICO DE UMA VIÚVA DA VILA DE NAIM...
NÃO PRECISA CHORAR MAIS...
JOVEM, EU LHE DIGO... LEVANTE-SE!
A... AAH!
ENQUANTO ISSO, JOÃO BATISTA CONTINUAVA PRISIONEIRO DO REI HERODES ANTIPAS...
PRISÃO NA FORTALEZA DE MAQUERO, JUNTO AO MAR MORTO

OS DISCÍPULOS DE JOÃO MANTINHAM-NO INFORMADO SOBRE AS ATIVIDADES DE JESUS... QUE NÃO ERAM ATITUDES DO "REI CONQUISTADOR" QUE ELE ESPERAVA! PRESO, LONGE DO DESERTO ONDE COSTUMAVA PREGAR, DÚVIDAS SOMBRIAS COMEÇARAM A BROTAR EM JOÃO...
...
JOÃO MANDOU UM DE SEUS DISCÍPULOS A JESUS...
MESTRE! JOÃO BATISTA ME MANDOU LHE FAZER UMA PERGUNTA...
O SENHOR É AQUELE QUE ESTAMOS ESPERANDO? OU ELE AINDA VIRÁ?
...
VOLTE E DIGA A JOÃO O QUE VOCÊ TESTEMUNHAR! CONTE-LHE O QUE VOCÊ OUVIR!
ABENÇOADOS OS QUE NÃO PERDEREM A FÉ POR MINHA CAUSA!
JOÃO VACILOU EM SUA FÉ EM JESUS, MAS SEU CONCEITO COMO GRANDE SERVO DE DEUS NÃO DIMINUIU!
QUANDO O DISCÍPULO ESTAVA SE RETIRANDO, JESUS COMEÇOU A ELOGIAR JOÃO...
QUEM VOCÊS FORAM VER NO DESERTO? UM PROFETA? CLARO! E ELE É MUITO MAIS QUE UM PROFETA! GARANTO A VOCÊS QUE AINDA ESTÁ PRA NASCER ALGUÉM QUE SEJA MAIOR QUE JOÃO!

...CONTUDO, A PESSOA MENOS IMPORTANTE NO REINO DOS CÉUS...

É MAIOR QUE JOÃO!

QUEM VIVIA RECLAMANDO QUE "JOÃO É SEVERO DEMAIS!" E "JESUS É COMPLACENTE DEMAIS!", TIVERAM UMA GRANDE SURPRESA...

QUANDO JESUS COMEÇOU A FALAR CONTRA ALGUMAS CIDADES ONDE ELE HAVIA REALIZADO MILAGRES!

AI DE VOCÊS, CORAZIM... BETSAIDA... CAFARNAUM!

VOCÊS VIRAM COM OS PRÓPRIOS OLHOS, E MESMO ASSIM NÃO CRERAM!

MESMO ASSIM ELE CONTINUOU MOSTRANDO AMOR E INTERESSE PELO POVO DE ISRAEL...

MINHAS EXIGÊNCIAS SÃO POUCAS... MEU FARDO É LEVE...

APRENDAM COMIGO, POIS SOU BOM... E NÃO SOU ORGULHOSO!

TODOS VOCÊS QUE ESTÃO EXAUSTOS...

CARREGANDO FARDOS PESADOS...

VENHAM A MIM...

EU LHES DAREI DESCANSO!

MESTRE!

TAT TAT TAT TAT

138 Mateus 11.2-30 Lucas 7.18-35, 10.12-16

— MESTRE! TEMOS UM PROBLEMA... UM FARISEU CHAMADO SIMÃO CONVIDOU O SENHOR PRA JANTAR NA CASA DELE!!

— O QUÊ?!!

— JÁ ENTENDI! ESSE JANTAR SERÁ LIVRE TAMBÉM PRA QUALQUER FARISEU...

— E TODOS VÃO FICAR BEM LIGADOS NAS DISCUSSÕES!!

— VAI SER UM DEBATE AO VIVO ENTRE OS ESTUDIOSOS E JESUS...

— ISSO É UMA ARMADILHA... VÃO TENTAR PEGAR JESUS... COM SUAS PRÓPRIAS PALAVRAS!

— MESTRE! COMO A GENTE SE LIVRA DESSA?! ESSES CARAS SÃO MUITO ESPERTOS!

— Ó TERRA! Ó CÉUS!

SURTOU

— TUDO BEM... VAMOS AO JANTAR!

Lucas 7.36-50

~~~
!!
~~~
~~~
~~~
XIII! VAI COMEÇAR... O CARA ALI ESTÁ PRONTO PRA ATACAR COM UMA PERGUNTA...
MAS, QUE GROSSERIA, HEIN!
ELE NEM SE OFERECEU PRA LAVAR OS PÉS DO MESTRE!
(NAQUELA ÉPOCA, ERA COSTUME O HOSPEDEIRO LAVAR OS PÉS DOS HÓSPEDES!)
HI, HI, HI... MUITO BEM, JESUS...! VAMOS VER COMO FICA A SUA FAMA COLOSSAL DEPOIS DESTA NOITE!!
HM HUMMMM
?!
QUEM É-?
AI! E AGORA?
...
UMA PROSTITUTA!... E O MESTRE DEIXOU QUE ELA USASSE OS CABELOS PRA ENXUGAR OS PÉS DELE! ESTAMOS PERDIDOS!!
SENHOR...

O QUE É ISSO? ELA É UMA PECADORA !!
SE ESSE SUJEITO FOSSE UM PROFETA DE VERDADE, SABERIA QUE TIPO DE MULHER ELA É!
...
SIMÃO, QUERO LHE CONTAR UMA HISTÓRIA...
DOIS HOMENS DEVIAM DINHEIRO... UM DEVIA 500 MOEDAS DE PRATA E O OUTRO, 50.
500
50
NENHUM DELES TINHA COMO SALDAR A DÍVIDA, ENTÃO O CREDOR PERDOOU OS DOIS... E ESQUECEU O ASSUNTO!
QUAL DOS DOIS AMARIA MAIS O CREDOR?
HMMM...
GRRR... BOM... ACHO QUE QUEM LHE DEVIA MAIS...?!
EXATAMENTE! AGORA, VEJA ESTA MULHER...

EU ENTREI EM SUA CASA... E VOCÊ NEM ME OFERECEU ÁGUA PRA LAVAR OS PÉS! MAS...

ELA LAVOU MEUS PÉS COM LÁGRIMAS E OS ENXUGOU COM OS CABELOS!

OUÇA BEM, SIMÃO, OS MUITOS PECADOS DELA FORAM PERDOADOS... POIS ELA DEMONSTROU MUITO AMOR!

GRRR...!!

MULHER, SEUS PECADOS ESTÃO PERDOADOS...

SUA FÉ SALVOU VOCÊ!

VÁ EM PAZ!

Desse modo, Jesus ensinou aos discípulos o significado de salvação pela fé!

MUITO OBRIGADA!!

MAS OS FARISEUS ENDURECERAM O CORAÇÃO PARA A SABEDORIA DE JESUS... E TENTAVAM DESTRUÍ-LO!

ELES QUERIAM MOSTRAR PUBLICAMENTE QUE JESUS NÃO ERA O MESSIAS!

É O MESTRE!!

MARIA MADALENA

ALÉM DOS DISCÍPULOS, OUTRAS PESSOAS TAMBÉM AMAVAM E APOIAVAM JESUS, ENTRE ELAS MUITAS MULHERES CUJAS VIDAS FORAM TRANSFORMADAS PARA SEMPRE!

MESTRE!!

UMA DESTAS ERA MARIA MADALENA...

UAU! ELA SAROU MESMO!

E PENSAR QUE ERA CONHECIDA COMO "A MULHER DOS SETE DEMÔNIOS"!!

OUTRA MULHER ERA SUSANA, TAMBÉM CURADA POR JESUS...

E JOANA, CUJO MARIDO, CUZA, ERA RESPONSÁVEL PELA CASA INTEIRA DE HERODES...

Lucas 8.1-3

Elas sustentavam o trabalho de Jesus com seus próprios recursos...

...e iriam testemunhar as coisas impressionantes que ocorreram ao final de seu tempo na terra!

11. CONTROVÉRSIA ACERCA DE BEELZEBÚ

DEMÔNIO, SAIA DELE!!

ELE... ELE CONSEGUIU!

O MESTRE LIBERTOU O HOMEM DAS GARRAS DO DEMÔNIO!

ESSE HOMEM NÃO ENXERGAVA... NEM FALAVA!

ZUNZUM

HÃ?

QUE MARAVILHA!! ELE SÓ PODE SER O FILHO DE DAVI!!!

Mateus 12.22-32   Marcos 3.20-30   Lucas 11.14-23

IMPOSSÍVEL!!
O PODER DESSE HOMEM VEM DO PRÍNCIPE DOS DEMÔNIOS !!
VOCÊ VIU AQUILO ?!
?!
SÓ VI!
GRRRRR
O QUÊ ?!!
VERDADE?
ESSES ESPÍRITOS SÓ PODEM SER EXPULSOS COM A AJUDA DE BELZEBU !!!
...
QUALQUER REINO...
QUALQUER FAMÍLIA...

... QUALQUER GRUPO QUE SE OPONHA A SI MESMO NÃO SOBREVIVE!

VOCÊS ESTÃO DIZENDO QUE UM DEMÔNIO EXPULSOU OUTRO DEMÔNIO...!? ISSO É BRIGA EM FAMÍLIA!

EU EXPULSO DEMÔNIOS PELO ESPÍRITO DE DEUS!

TODOS OS PECADOS E PALAVRAS SÓRDIDAS SERÃO PERDOADOS... MAS O QUE SE FALAR CONTRA O ESPÍRITO SANTO...

GLUP

NÃO TEM PERDÃO!

GRRHH!!

MALDITO!

Mateus 12.22-32   Marcos 3.20-30   Lucas 11.14-23

EU JÁ FALEI... A ÁRVORE BOA PRODUZ BONS FRUTOS, E A ÁRVORE RUIM, MAUS FRUTOS!

E O QUE ESTÁ NO CORAÇÃO DAS PESSOAS TRANSBORDA PELA BOCA DELAS!

MESTRE!!

SERÁ QUE O SENHOR PODERIA NOS MOSTRAR UNS DOIS OU TRÊS MILAGRES...?

...

ESSE POVO É MAU E REBELDE PARA COM DEUS!

ALGO QUE PROVE 100% QUE O SENHOR É MESMO O MESSIAS? HEIN?

NENHUM MILAGRE SERÁ DADO PARA VOCÊS, POVO INCRÉDULO...

...A NÃO SER O SINAL DE JONAS!

TODO JUDEU CONHECIA A HISTÓRIA DE JONAS, PROFETA DO ANTIGO TESTAMENTO, QUE PASSOU TRÊS DIAS NA BARRIGA DE UM PEIXE...

...AO TENTAR FUGIR DE DEUS E FOI LIBERTADO QUANDO SE ARREPENDEU.

MAS O QUE JESUS QUERIA DIZER COM "O SINAL DE JONAS"? NINGUÉM ENTENDEU.

?!

COMO PESCADOR, SEMPRE GOSTEI DESSA HISTÓRIA... MAS DO QUE ELE ESTÁ FALANDO?

ESTOU "BOIANDO"!

Mateus 12.38-42 Marcos 8.11-12 Lucas 11.29-32

QUANDO UM DEMÔNIO É EXPULSO DA VIDA DE ALGUÉM, ELE VAI ATRÁS DE UM NOVO LAR! SE NÃO ACHAR...

ENTÃO, A PESSOA ACABA PIOR DO QUE ESTARIA SE NUNCA TIVESSE SIDO LIBERTADO!

É ISSO QUE ACONTECE AO POVO DE ISRAEL HOJE... ESTÁ PIOR DO QUE ANTES!

RETORNA À CASA ANTIGA... ENCONTRA O LUGAR LIMPO... PORÉM VAZIO! ENTÃO, BUSCA OUTROS SETE ESPÍRITOS MAUS PARA MORAR COM ELE ALI!

JESUS!!

SUA FAMÍLIA ESTÁ AQUI!

SUA MÃE... E SEUS IRMÃOS!

Em Nazaré, também ouviam falar de suas atividades... e foram atrás dele, lá em Cafarnaum...

...

QUEM É MINHA MÃE? QUEM SÃO MEUS IRMÃOS?

148   Mateus 12.43-45   Lucas 11.24-26

AQUELE QUE FIZER A VONTADE DE MEU PAI CELESTE...

ESSE É MEU IRMÃO... MINHA IRMÃ... MINHA MÃE!

AS PALAVRAS DE JESUS NÃO EXPRESSAVAM HOSTILIDADE CONTRA SUA FAMÍLIA...

PORÉM, SEUS ENSINOS DEFINIAM UM NOVO ESTILO DE FAMÍLIA... CRIADA PELA CONFIANÇA MÚTUA... A FAMÍLIA DE DEUS!

12. PARÁBOLAS

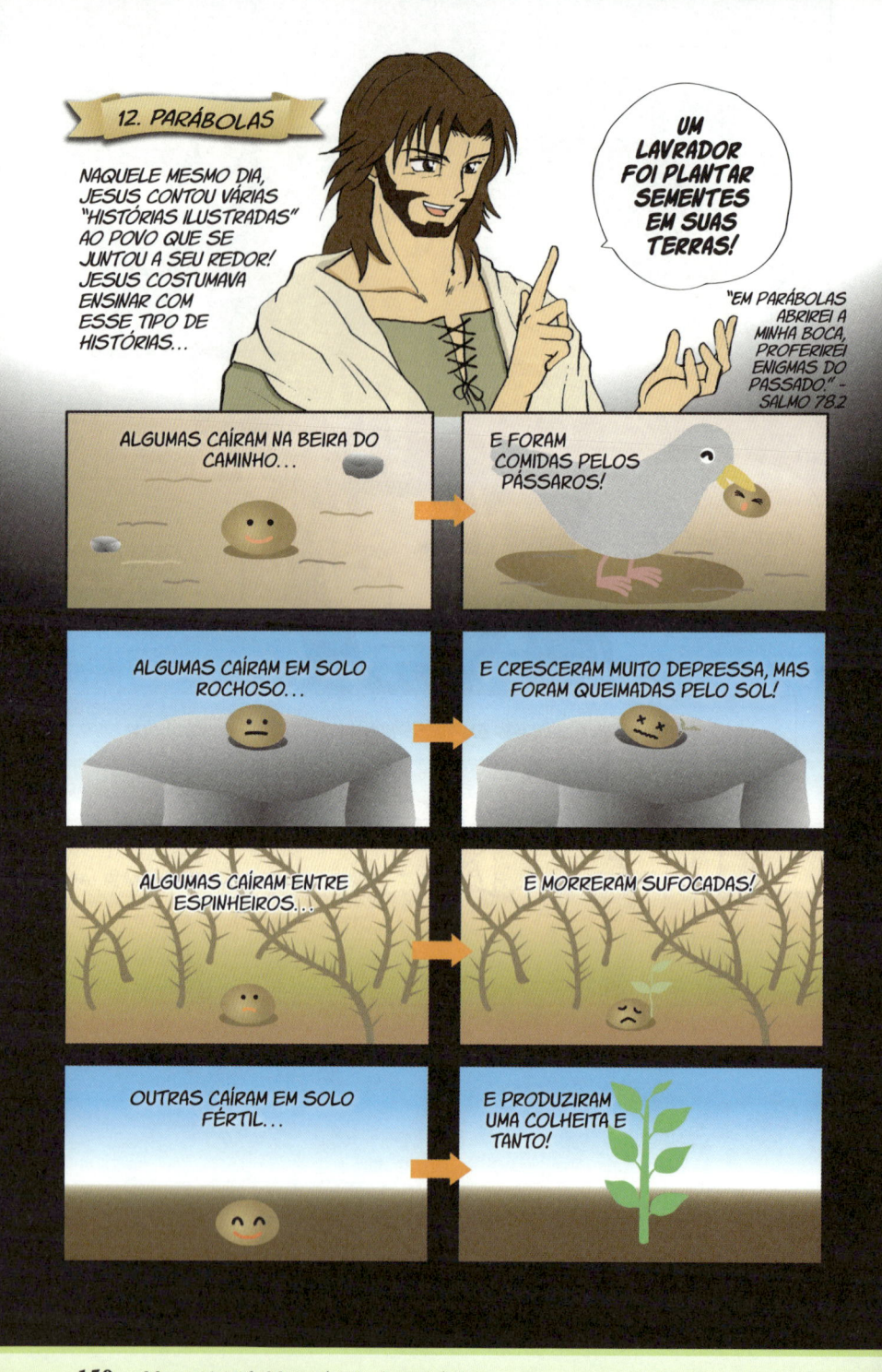

NAQUELE MESMO DIA, JESUS CONTOU VÁRIAS "HISTÓRIAS ILUSTRADAS" AO POVO QUE SE JUNTOU A SEU REDOR! JESUS COSTUMAVA ENSINAR COM ESSE TIPO DE HISTÓRIAS...

UM LAVRADOR FOI PLANTAR SEMENTES EM SUAS TERRAS!

"EM PARÁBOLAS ABRIREI A MINHA BOCA, PROFERIREI ENIGMAS DO PASSADO." – SALMO 78.2

ALGUMAS CAÍRAM NA BEIRA DO CAMINHO...

E FORAM COMIDAS PELOS PÁSSAROS!

ALGUMAS CAÍRAM EM SOLO ROCHOSO...

E CRESCERAM MUITO DEPRESSA, MAS FORAM QUEIMADAS PELO SOL!

ALGUMAS CAÍRAM ENTRE ESPINHEIROS...

E MORRERAM SUFOCADAS!

OUTRAS CAÍRAM EM SOLO FÉRTIL...

E PRODUZIRAM UMA COLHEITA E TANTO!

Mateus 13.1-16   Marcos 4.1-12   Lucas 8.4-10

— A SEMENTE DEVE SER... A PALAVRA DE DEUS!

— E O SOLO FÉRTIL É ALGUÉM QUE CRÊ NA PALAVRA DE DEUS!

— A COLHEITA PRODUZIU TRINTA, SESSENTA E ATÉ CEM VEZES MAIS DO QUE FOI PLANTADO!

— MESTRE...

— POR QUE O SENHOR USA "ILUSTRAÇÕES" AO FALAR COM O POVO?

— OS SEGREDOS DO REINO SÃO REVELADOS PRA VOCÊS...

AS OUTRAS PESSOAS NÃO ESTÃO PRONTAS PARA OUVI-LOS!

— QUEM TEM MUITO, RECEBERÁ MAIS AINDA...

E QUEM TEM POUCO... BOM, ATÉ ESSE POUCO LHE SERÁ TIRADO!

— TER OLHOS QUE VÊEM E OUVIDOS QUE OUVEM É UM PRESENTE MARAVILHOSO DE DEUS!

Jesus contou outras parábolas...

Mateus 13.1-16 Marcos 4.1-12 Lucas 8.4-10

A PARÁBOLA DAS MEDIDAS...
A MEDIDA QUE VOCÊ USAR COM OS OUTROS SERÁ USADA PARA MEDIR VOCÊ...
VOCÊS NÃO SABEM COMO A SEMENTINHA NASCE E SE TORNA UMA PLANTA...
A PARÁBOLA DO CRESCIMENTO DA SEMENTE...
E VOCÊS TAMBÉM NÃO ENTENDEM O REINO DE DEUS!
A PARÁBOLA DAS ERVAS DANINHAS...
O REINO DE DEUS TAMBÉM É COMPARADO A ISTO...
UM LAVRADOR PLANTOU UMA SEMENTE BOA EM SEU CAMPO...
MAS ENQUANTO ELE DORMIA, UM INIMIGO VEIO...
E PLANTOU ERVAS DANINHAS NO MEIO DO TRIGO!
AS SEMENTES BOAS E AS RUINS CRESCERAM JUNTAS... E QUANDO O TEMPO DA COLHEITA CHEGOU...
O JOIO ESTAVA MISTURADO COM O TRIGO!

CHEFE! DE ONDE VIERAM ESSAS ERVAS DANINHAS, HEIN?
ISSO É COISA DE UM INIMIGO!
O SENHOR QUER QUE EU ARRANQUE ESSA PORCARIA DO MEIO DO TRIGO?
NÃO!
AO ARRANCAR AS ERVAS, VOCÊ PODE ACABAR PUXANDO ALGUMAS PLANTAS BOAS TAMBÉM!
ESPERE ATÉ A COLHEITA... QUANDO AS DUAS PLANTAS ESTIVEREM NO PONTO!
"ENTÃO, NA HORA CERTA, VOU MANDAR MEUS SERVOS PRIMEIRO ARRANCAR, AMARRAR E QUEIMAR O JOIO!"
DEPOIS, O RESTO DA COLHEITA SERÁ GUARDADO NO CELEIRO!
O LAVRADOR QUE PLANTOU A SEMENTE TEM DE SER JESUS! O CAMPO É O MUNDO, ENTÃO... AS SEMENTES BOAS SÓ PODEM SER... NÓS! QUEM PLANTOU O JOIO NÃO É OUTRO SENÃO...
...SATANÁS!
...

AS PARÁBOLAS DE...

A SEMENTE DE MOSTARDA E O FERMENTO...

O REINO DO CÉU É IGUAL À SEMENTINHA DE MOSTARDA, QUE SE TRANSFORMA NUMA ÁRVORE ENORME, CHEIA DE GALHOS ONDE OS PÁSSAROS DESCANSAM!

ASSIM TAMBÉM, UM POUQUINHO DE FERMENTO FAZ CRESCER A MASSA TODA!

O TESOURO NO CAMPO...

CERTO HOMEM ACHOU UM TESOURO NO CAMPO...

E O ESCONDEU NOVAMENTE. FELIZ DA VIDA, ELE VENDEU TUDO O QUE TINHA E COMPROU AQUELE PEDAÇO DE TERRA!

A PÉROLA DE VALOR INCALCULÁVEL...

O REINO DE DEUS É IGUAL AO NEGOCIANTE EM BUSCA DE PÉROLAS VALIOSAS...

QUANDO ENCONTRA UMA VALIOSÍSSIMA, ELE VENDE TUDO O QUE POSSUI E COMPRA A PÉROLA!

A REDE DE PESCA...

O REINO DE DEUS É IGUAL A UMA REDE DE PESCA CHEIA DE PEIXES!

FVIP FVIP

NA PRAIA, O PESCADOR SEPARA OS PEIXES. ELE PÕE OS BONS NUMA CESTA E JOGA FORA OS QUE NÃO PRESTAM!

Mateus 13.44-50   Mateus 13.31-33

VOCÊS ENTENDERAM TODAS AS ILUSTRAÇÕES?
ENTENDEMOS!
TODO PROFESSOR INSTRUÍDO NO REINO DE DEUS TEM DE SER "BEM INSTRUÍDO PARA ENSINAR BEM"! DEPOIS, COMO DONO DO DEPÓSITO, ELE PODE PEGAR TESOUROS ANTIGOS OU NOVOS, CONFORME PRECISAR!
AGORA...
VAMOS ATRAVESSAR PARA A OUTRA MARGEM DO LAGO!
MESTRE!!
HUMM... UM PROFESSOR DA LEI...
MESTRE!! VOU SEGUI-LO AONDE O SENHOR FOR!!
ARF
....
AS RAPOSAS TÊM SUAS COVAS...
E OS PÁSSAROS TÊM NINHOS...
MAS O FILHO DO HOMEM NÃO TEM LUGAR PARA ENCOSTAR A CABEÇA!

SIGA-ME!
HUMM... MAS... MESTRE !!
ANTES, EU TENHO DE CUIDAR DE MEU PAI ATÉ QUE MORRA!
EU DISSE, SIGA-ME!
...E DEIXE OS MORTOS ENTERRAREM SEUS MORTOS!
SPLASH
TÔ PREOCUPADO... O CÉU NÃO TÁ COM CARA BOA, NÃO...

O VENTO ESTÁ VINDO COM TUDO!
WHOOOOOOSHH
CUIDADO! ONDA IMENSA A ESTIBORDO!
SPLAAAASH!
ESTAMOS AFUNDANDO !!
SEGUREM-SE!!
O BARCO NÃO VAI AGÜENTAR ESSA TEMPESTADE !!
SENHOR!
SOCORRO! ACORDE! ESTAMOS AFUNDANDO !!
...

PEDRO! POR QUE TANTO MEDO?

CADÊ SUA FÉ?!

ONDAS!!!

VENTO!!!

AS ONDAS SÃO IM-IMENSAS... E FORTES... E TERRÍVEIS...

HYUUU...

...E SUMIRAM?!

QUI-ETOS!!!

QUEM É ESSE HOMEM?!

ATÉ O VENTO E AS ONDAS OBEDECEM A ELE?!

Na outra margem do Mar da Galiléia, na região dos Gerasenos...

O QUE É ISSO...?!

UHHHH...UH... URRH UHH UHH!!

Mateus 8.23-34   Marcos 4.35-41   Lucas 8.22-25

RRR-GRRR! URRR... URH... URR! URR!
BRRR URRR URGH... URRRG URG !!
EU... EU VI... ESTAVAM SAINDO DAQUELE TÚMULO!
ELES SÃO CONTRO-LADOS PELO DIABO !!
AHHHRRRR!
CUI-DADO !!
ELE É VIOLENTO... E FORTE!!
QUE VAMOS FAZER?
FILHO DE DEUS!! NOSSA HORA AINDA NÃO CHEGOU!! NÃO TORTURE A GENTE !!
OS ESPÍRITOS MALIGNOS ESTÃO FALANDO DE DENTRO DESSES HOMENS!!

Mateus 8.23-34   Marcos 5.1-12   Lucas 8.26-36

Mateus 8.23-34 Marcos 5.1-12 Lucas 8.26-36

QUANDO O POVO DA REGIÃO SOUBE O QUE JESUS TINHA FEITO...

...PEDIU QUE ELE FOSSE EMBORA!

OS DOIS HOMENS LIBERTADOS PELO DIABO QUERIAM IR COM JESUS...

POR FAVOR, SENHOR JESUS!!

LEVE A GENTE COM O SENHOR!!

VOLTEM PARA CASA...

...E CONTEM PARA A FAMÍLIA TUDO O QUE DEUS FEZ POR VOCÊS!

CAFARNAUM

SENHOR...!!

MEU NOME É JAIRO...

MI-MINHA FILHA... ELA...

...ELA ACABOU DE MORRER!

Depois disso, Jesus e os discípulos foram de barco a várias cidades junto ao mar da Galiléia...

MAS TENHO CERTEZA QUE BASTA O SENHOR TOCAR NELA... E MINHA FILHA VIVERÁ DE NOVO.

JAIRO... JAIRO, NÃO SE PREOCUPE! LEVANTE-SE. VOU PRA SUA CASA COM VOCÊ!

162   Mateus 9.18-19   Marcos 5.18-19, 5.21-24   Lucas 8.38-39, 8.40-42

AS RUAS ESTAVAM CHEIAS DE GENTE QUERENDO VER JESUS!!

OLHA ELE LÁ!

SOU MULHER... ESTOU DOENTE... NÃO DEVERIA FAZER ISSO... MAS SEI QUE SÓ PRECISO TOCAR NELE... NEM QUE SEJA NA ROUPA... E SEREI CURADA!

JESUS!!

TOQUE

QUEM FOI...? QUEM ME TOCOU?

TOCOU O SENHOR? JESUS, QUEM NÃO ESTÁ TOCANDO O SENHOR NESSA MULTIDÃO?!

SENTI QUE SAIU PODER DE MIM!

FUI- FUI EU! FAZ 12 ANOS QUE SOFRO COM HEMORRAGIA! NINGUÉM CONSEGUIU ME AJUDAR, ATÉ... AGORA...

EU-- EU TOQUEI SEU MANTO -- E FUI CURADA NA HORA!!

MINHA FILHA... VOCÊ FOI CURADA PELA FÉ!!

SEU SOFRIMENTO ACABOU... VÁ EM PAZ!

S-SIM, SENHOR... MUITO OBRIGADA!

Mateus 9.20-22   Marcos 5.21-34   Lucas 8.43-48   **163**

Era grande o choro na casa de Jairo...

Ah, s-senhor!!

Jairo, não tema... Apenas creia!

...Venham comigo!

Pedro, Tiago, João...

Por que a senhora está chorando desse jeito?

CREEC...

AI... AI... AI

UAAAAA

Sua filha não morreu... só está dormindo!

O... o quê!?

Mateus 9.23-26   Marcos 5.35-43   Lucas 8.49-56

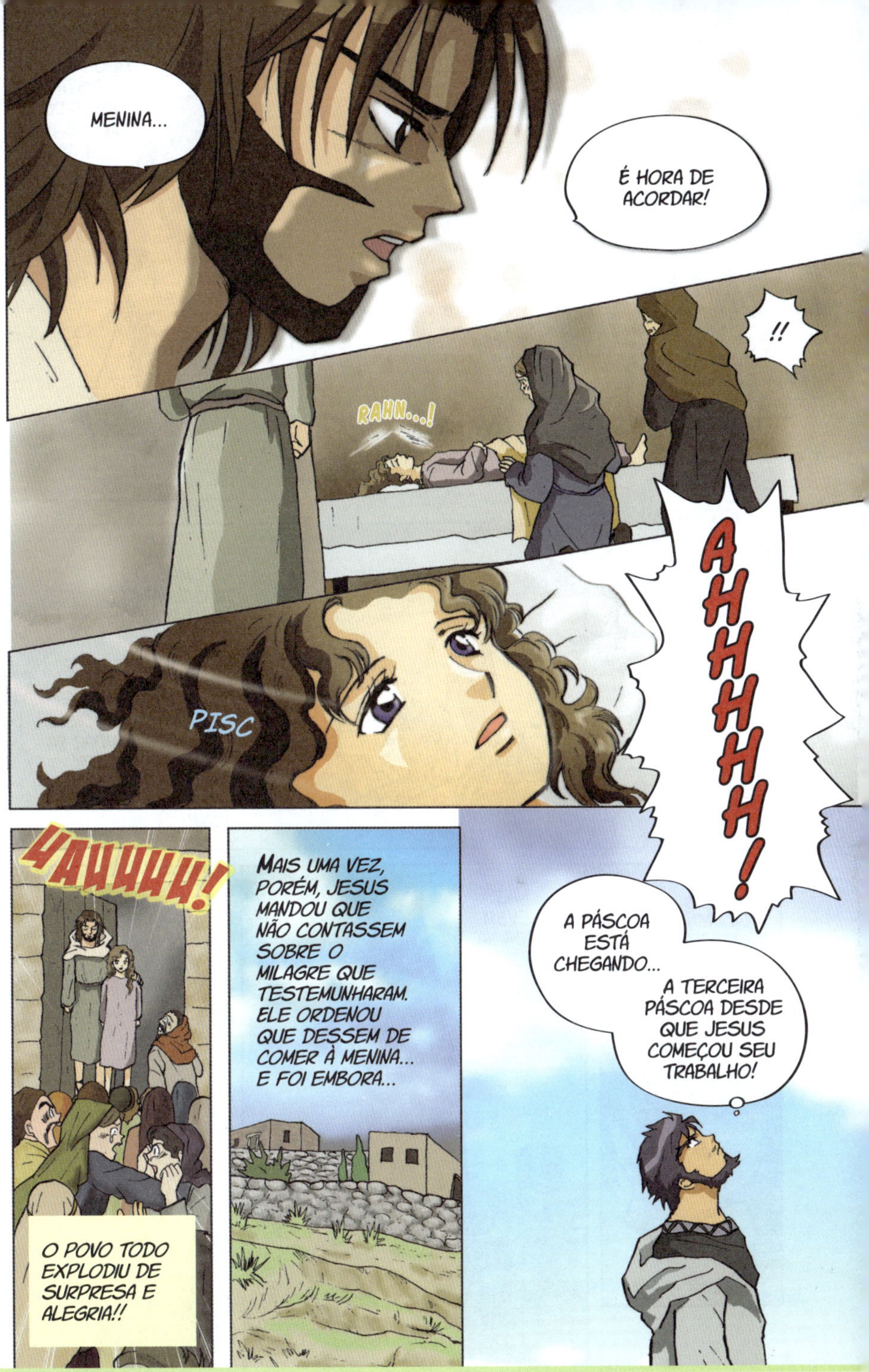
MENINA...
É HORA DE ACORDAR!
!!
RAHN...!
AHHHHHH!
PISC
UAUUUU!
O POVO TODO EXPLODIU DE SURPRESA E ALEGRIA!!
MAIS UMA VEZ, PORÉM, JESUS MANDOU QUE NÃO CONTASSEM SOBRE O MILAGRE QUE TESTEMUNHARAM. ELE ORDENOU QUE DESSEM DE COMER À MENINA... E FOI EMBORA...
A PÁSCOA ESTÁ CHEGANDO...
A TERCEIRA PÁSCOA DESDE QUE JESUS COMEÇOU SEU TRABALHO!

13. JESUS ENVIA OS DOZE DISCÍPULOS

MEU POVO ESTÁ PERDIDO... NÃO SABEM A QUEM SEGUIR... SÃO COMO OVELHAS SEM PASTOR!!

A COLHEITA É MUITO GRANDE...

...MAS OS TRABALHADORES SÃO POUCOS!

PEÇAM QUE DEUS MANDE TRABALHADORES PARA AJUDAR NA COLHEITA!

COMO? T-TUDO BEM!!

JESUS, ENTÃO, ENVIOU OS DISCÍPULOS EM DUPLAS...

NÃO LEVEM NADA NA VIAGEM...

NADA DE CAJADO... PÃO... BOLSAS... DINHEIRO...

...NEM MUDA DE ROUPAS!

166 Mateus 9.36-38, 10.5-15 Marcos 6.7-13 Lucas 9.1-6

— QUANDO ENTRAREM NUMA CIDADE OU VILAREJO, PROCUREM UMA CASA QUE OS RECEBA E PERMANEÇAM NELA!

— SE NINGUÉM OS RECEBER, SACUDAM DE SUAS ROUPAS E SANDÁLIAS A POEIRA DO LUGAR, QUANDO SAÍREM!

— PODEMOS IR A QUALQUER LUGAR QUE ESCOLHERMOS?

— NÃO! NÃO VÃO AOS ESTRANGEIROS... NEM AOS SAMARITANOS!

— POR ENQUANTO, TÊM DE IR ÀS OVELHAS PERDIDAS DE ISRAEL!

— JÁ É HORA... VÃO!! CONTEM AS BOAS NOTÍCIAS!

— DIGAM A TODOS QUE O REINO DO CÉU ESTÁ PRÓXIMO!

Mateus 10.5-15 Marcos 6.7-13 Lucas 9.1-6, 10.1-12

VÃO!!!

NÃO TENHAM MEDO DE NINGUÉM!

MANDO VOCÊS COMO OVELHAS ENTRE OS LOBOS!

SEJAM ESPERTOS COMO AS SERPENTES, MAS INOCENTES COMO AS POMBAS!

TUDO O QUE FOR FEITO EM SEGREDO, SERÁ REVELADO! TUDO O QUE ESTÁ ESCONDIDO, SERÁ DESCOBERTO!

NÃO TEMAM OS QUE MATAM O CORPO!

TEMAM AQUELE QUE DESTRÓI TANTO O CORPO QUANTO A ALMA... NO INFERNO!

CADA FIO DE CABELO DE VOCÊS FOI CONTADO!

NÃO TENHAM MEDO!

VOCÊS ACHAM QUE VIM TRAZER PAZ AO MUNDO?

Mateus 10.16-31   Marcos 13.9-13   Lucas 12.4-7, 21.12-19

"NÃO TROUXE A PAZ...

...MAS A ESPADA!!!"

"ATÉ MINHA PRESENÇA CAUSA DIVISÃO!

QUEM CRÊ EM MIM SERÁ INIMIGO DE QUEM NÃO CRÊ!"

Já fazia dois anos que João Batista estava preso...

Mateus 10.34-39   Lucas 12.49-53   **169**

14. A MORTE DE JOÃO BATISTA

HERODES ANTIPAS, GOVERNADOR DA GALILÉIA

MARAVILHA DE FESTA DE ANIVERSÁRIO, HERODIAS! ESPETACULAR... ESSA MENINA É UM LUXO!!

CALMA AÍ, GAROTÃO...

COM FESTA OU SEM FESTA, TEMOS NEGÓCIOS A TRATAR!

O QUE VOCÊ PLANEJA FAZER COM JOÃO BATISTA?

Mateus 14.1-12 Marcos 6.14-29

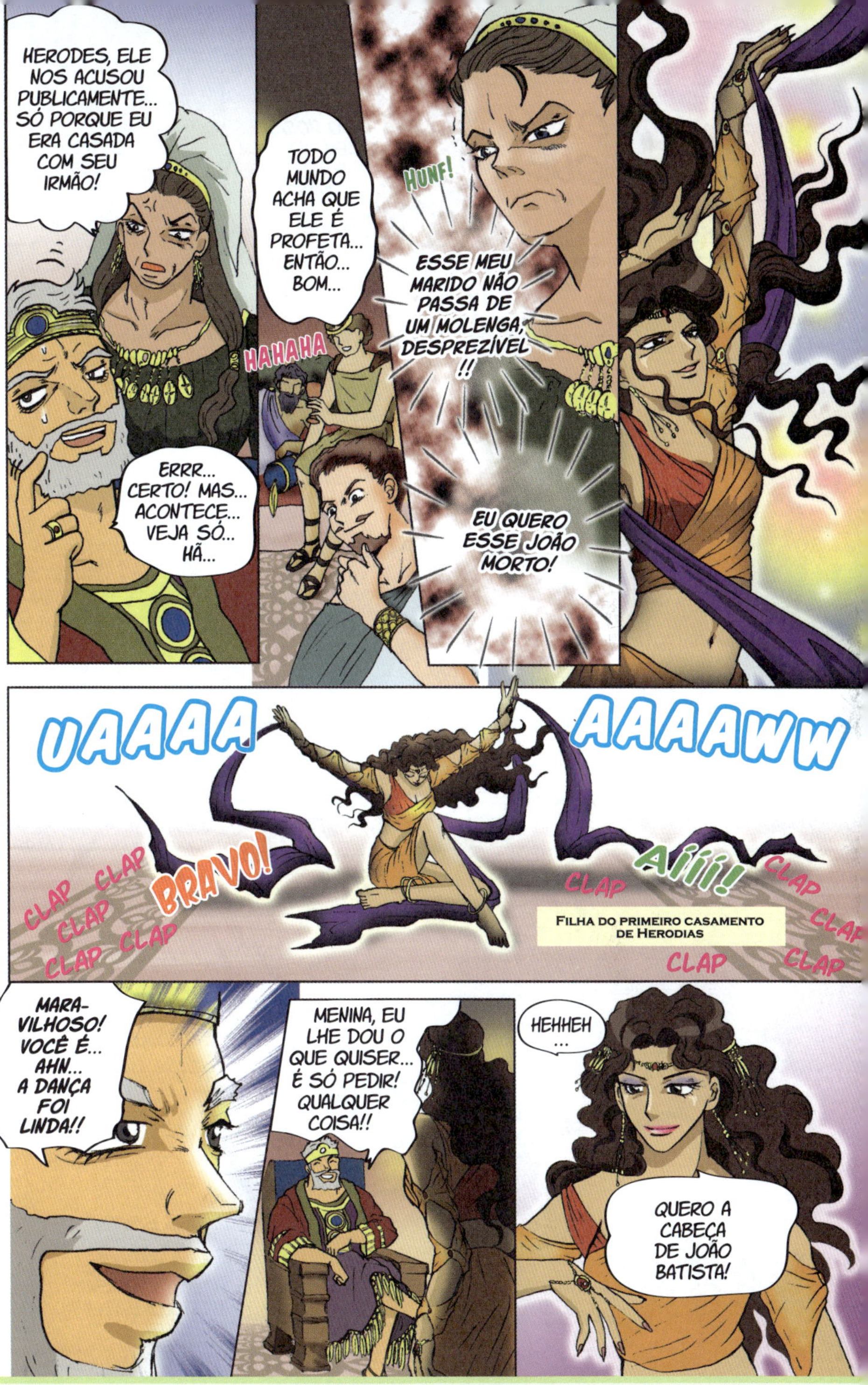
HERODES, ELE NOS ACUSOU PUBLICAMENTE... SÓ PORQUE EU ERA CASADA COM SEU IRMÃO!
ERRR... CERTO! MAS... ACONTECE... VEJA SÓ... HÃ...
TODO MUNDO ACHA QUE ELE É PROFETA... ENTÃO... BOM...
HAHAHA
HUNF!
ESSE MEU MARIDO NÃO PASSA DE UM MOLENGA, DESPREZÍVEL!!
EU QUERO ESSE JOÃO MORTO!
UAAAAA AAAAAWW
CLAP CLAP CLAP CLAP CLAP
BRAVO!
AÍÍÍ!
CLAP CLAP CLAP CLAP CLAP
FILHA DO PRIMEIRO CASAMENTO DE HERODIAS
MARA-VILHOSO! VOCÊ É... AHN... A DANÇA FOI LINDA!!
MENINA, EU LHE DOU O QUE QUISER... É SÓ PEDIR! QUALQUER COISA!!
HEHHEH...
QUERO A CABEÇA DE JOÃO BATISTA!

O... O QUÊ !?
O-O QUE VOU FAZER? NÃO POSSO DIZER "NÃO" EM FRENTE DOS CONVIDADOS ...
A MÃE MANDOU QUE PEDISSE A CABEÇA DE JOÃO...
...MEU QUERIDO PADRASTO, QUERO A CABEÇA DELE AGORA... E NUM PRATO, POR FAVOR!
CONCEDIDO! ALGUÉM NOS TRAGA A CABEÇA DE JOÃO BATISTA!
SLASH!
ASSIM TERMINOU A VIDA DO PRECURSOR, JOÃO BATISTA...
HERODES SENTIU CULPA POR TER MATADO JOÃO... MAIS TARDE, COMEÇOU A PENSAR QUE JESUS ERA JOÃO RESSUSCITADO!

— JOÃO BATISTA...

— ENTÃO... ACONTECEU MESMO...

— TODO MUNDO ACHA QUE O SENHOR É A PRÓXIMA VÍTIMA DE HERODES!!

— ....

— O SENHOR PRECISA TER CUIDADO!!

— PRECISO ORAR... HOJE, QUANDO OS DISCÍPULOS VOLTAREM, VAMOS PASSAR UM TEMPO EM ORAÇÃO!

— MESTRE!!

Jesus e os doze discípulos foram procurar um lugar sossegado...

Mas o povo veio assim mesmo...

...querendo ver Jesus e ouvir seus ensinos!

Mateus 14.13-21   Marcos 6.30-44

LÁ SE VÃO NOSSA PAZ E SOSSEGO...!
SÓ DE HOMENS, DEVE HAVER UNS... CINCO MIL!!
DIGA PRA COMPRAREM COMIDA NOS VILAREJOS POR AÍ!
MESTRE, JÁ É TARDE...
ESTAMOS LONGE DE TUDO, E O POVO DEVE ESTAR COM FOME... MANDE ESSA GENTE PRA CASA!
NÃO É PRECISO... VOCÊS VÃO DAR COMIDA PRA ELES!
COMO ÉÉÉÉÉ?!
E AGORA?!!
VAMOS VER... QUANTOS PÃES TERÍAMOS MESMO DE COMPRAR?
FILIPE? VOCÊ ESTÁ...?
TÁ... CONTANDO DE NOVO!
TEMOS AQUI UM GAROTO COM CINCO PÃES... E DOIS PEIXES!
VIU?!
TÁ BRINCANDO...!? ANDRÉ!! PENSA, CARA!! ISSO NÃO DÁ NEM PRO COMEÇO!!
É... TAMBÉM ACHO...

ISSO É O BASTANTE!
HÃ ?!
!
PAI CELESTE ...
ZIH
OBRIGADO PELAS MUITAS BÊNÇÃOS!
SÉRIO... É O BASTANTE!
SORRISO
ZIH
ZIH
ZIH
ZIH
ZIH
ZIH
EU DIVIDO O PÃO... VOCÊS VÃO SERVINDO!
UHN... AH, TÁ...!
?!
OBA!
PEGUE À VONTADE!
BOM APETITE!
OBRI- GADO !!
PEGA!
TOMA!
...

HEH... HEH...

PLEC PLEC

NÃO ACREDITO! NÃO PODE SER!!

FILIPE?! VOCÊ ESTÁ BEM?!

INCRÍVEL! TODO MUNDO COMEU ATÉ!!

NÃO DESPERDICEM NADA! JUNTEM TUDO!

SIM, SENHOR!

SIM!

MESTRE! JUNTAMOS AS SOBRAS E... E...

...ENCHEMOS DOZE CESTOS ATÉ A BOCA!!

VOU MANDAR O POVO PRA CASA, AGORA...

VOCÊS VÃO PRA OUTRA MARGEM DO LAGO!

FIUUU...

HMMM... VOCÊ ACHA QUE ELE VAI SE VIRAR BEM SOZINHO?

CLARO! ACHO QUE VAI DE NOVO ORAR NO MONTE...

176 Mateus 14.13-21 Marcos 6.30-44

WHOOOOOOO...

OLHE!!

O QUE É AQUILO?!

PLSH!

VAAHH!

UM... FANTAS- MA!!!

NÃO! NÃO PODE SER!

MESTRE?!

Mateus 14.22-36   Marcos 6.45-56   177

CALMA GENTE... SOU EU!
NÃO TENHAM MEDO!
ME CHAME PRA IR AÍ!
MESTRE, SE É MESMO O SENHOR ...
HAHN?!
O QUÊ... !?
PEDRO! FICOU DOIDO?
CERTO... VENHA, PEDRO!
QUE-E-E?!
FILIPE! SE CONTROLA !!
AI!!
F-FANTASMA !!
PLSH!
UAU!! E-ESTOU ANDANDO SOBRE A ÁGUA! MA... MAS...
AAAI... SEI NÃO... ESSE NEGÓCIO ...!
PEDRO! CUIDADO!!
SHWASH!
UAAH-AAHH!!!

AIII, NÃO !!
PLOOSH!
SPLOOSH!
SPLOOSH!
JESUS!!! SOCORRO !!
AH, PEDRO... POR QUE VOCÊ DUVIDOU? POR QUE SUA FÉ É TÃO PEQUENA?
GE-HUH!
FICOU É APAVO-RADO!
QUASE SE AFOGOU!
ESSE MEU IRMÃO...
EI!!
OS VENTOS PARARAM DE NOVO!
ELE É MESMO O FILHO DE DEUS!
SÓ É !!!
T-TUM
T-TUM
QUEM VAI NEGAR ISSO AGORA ?!
DE MANHÃ, OUTRA MULTIDÃO SE REUNIU PARA VER JESUS...
JESUS, QUEREMOS PÃO!! JESUS!!
PÃO! PÃO!!

VOU DEIXAR BEM CLARO... HOJE VOCÊS VÊM ATRÁS DE MIM PORQUE QUEREM COMER PÃO ATÉ FICAREM SATISFEITOS...
MAS EXISTE UM ALIMENTO BEM MAIS IMPORTANTE-- O PÃO QUE LEVA À VIDA ETERNA!!!
QUEM DÁ O VERDADEIRO PÃO DO CÉU É O MEU PAI! ESSE PÃO VEM DO ALTO E TRAZ VIDA AO MUNDO!
EU QUERO!
AQUI!
AQUI, AQUI!
AQUI... PRA MIM!
EU SOU O PÃO DA VIDA!
QUEM VIER A MIM, NUNCA TERÁ FOME!
O QUÊ?!
O SENHOR É O PÃO?!
SIM... SOU EU!
MEU CORPO É O PÃO VIVO DO CÉU! QUEM COMER DESTE PÃO VIVERÁ PRA SEMPRE!!!

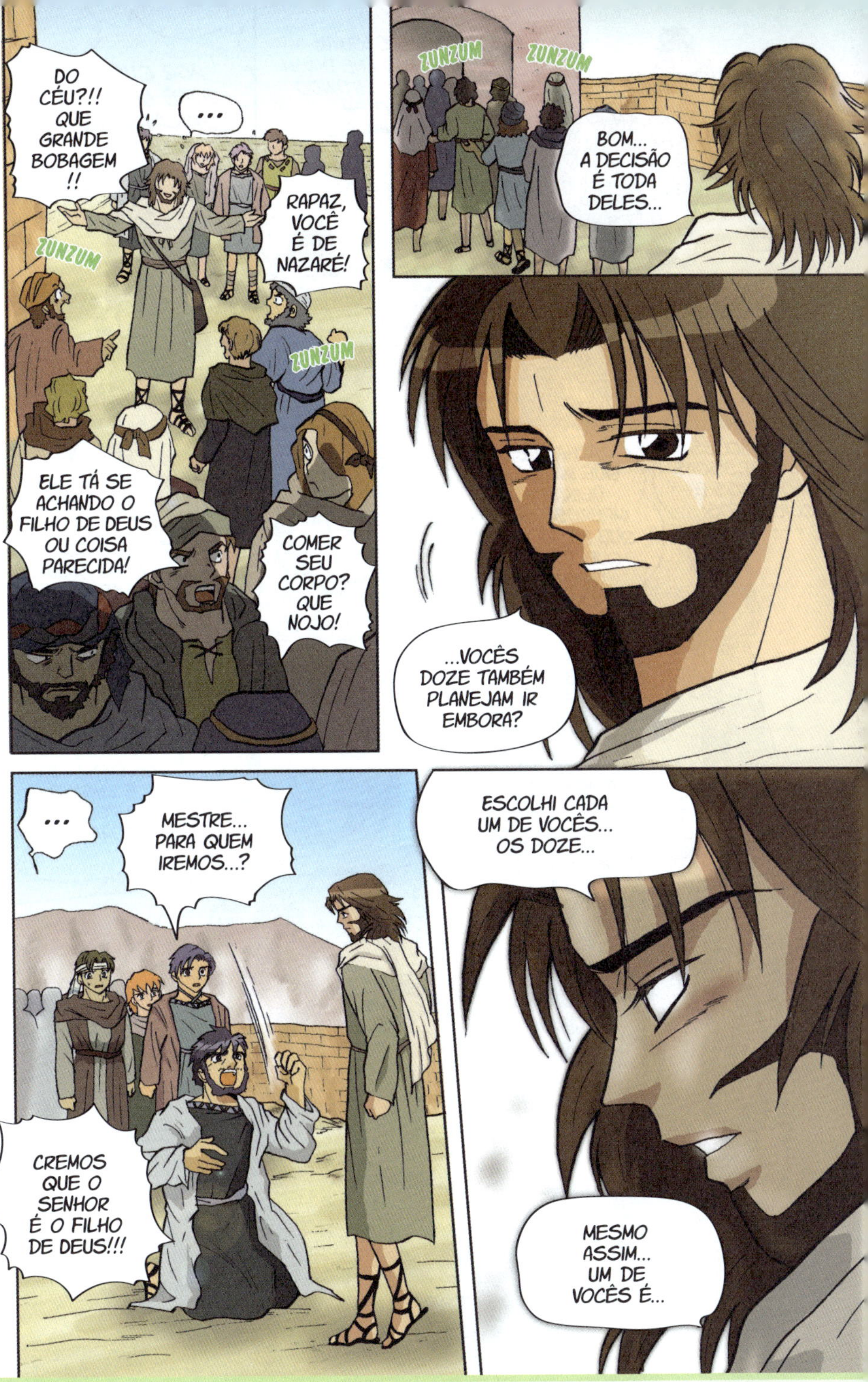

Mateus 13.53-58 Marcos 6.1-6 Lucas 4.14-30 João 6.41-70

OS FARISEUS SEGUIAM JESUS E NÃO LHE DAVAM TRÉGUAS, TENTANDO PEGÁ-LO EM ALGUMA FALTA...

...UM DEMÔNIO!!

?!

POR QUE VOCÊ COME SEM LAVAR AS MÃOS?!

ACUSA!

...

OS CORAÇÕES DESTAS PESSOAS SÃO DUROS E CORRUPTOS!

ACHAM MESMO QUE MÃOS SUJAS DEIXAM VOCÊS IMPUROS? NÃO É O QUE ENTRA NA BOCA QUE TORNA VOCÊS IMPUROS, MAS O QUE SAI DELA!

?

?

?

MESTRE...? COMO ASSIM? EXPLIQUE, POR FAVOR!

OS MAUS PENSAMENTOS... COMO ROUBO, MENTIRA, COBIÇA E ENGANO SURGEM NO CORAÇÃO!

QUANDO ESSAS COISAS... SAEM DO CORAÇÃO... DEIXAM A PESSOA SUJA!

182   Mateus 15.1-20   Marcos 7.1-23

JESUS E OS DISCÍPULOS ATRAVESSARAM A CIDADE DE TIRO, ONDE UMA MULHER NÃO-JUDIA SE APROXIMOU...
MESTRE! FILHO DE DAVI!!
TENHA MISERICÓRDIA DE MIM, SENHOR! MINHA FILHA ESTÁ SENDO CONTROLADA POR UM DEMÔNIO!!
SE OS MEUS PRÓPRIOS FILHOS ESTÃO COM FOME, É CERTO EU DAR A COMIDA DELES AOS CACHORRINHOS!?
HEIN?!
...
MAS, SENHOR... ATÉ OS CACHORRINHOS COMEM AS MIGALHAS QUE CAEM DA MESA DE SEUS DONOS!
EXCELENTE RESPOSTA... E SINAL DE UMA GRANDE FÉ...! SEU PEDIDO FOI ATENDIDO!
MUITO OBRIGADA!
QUANDO A MULHER CHEGOU EM CASA, A FILHA ESTAVA DEITADA NA CAMA... E O DEMÔNIO TINHA SUMIDO!
AO PASSAR PELOS VILAREJOS NÃO-JUDEUS AO LESTE DO MAR DA GALILÉIA, JESUS REALIZOU OUTRO MILAGRE, ALIMENTANDO QUATRO MIL PESSOAS...

QUANDO OS FARISEUS E SADUCEUS INSISTIRAM QUE JESUS REALIZASSE UM MILAGRE PARA ELES...

VOCÊS FAZEM A PREVISÃO DO TEMPO BASEADOS NA DIREÇÃO DO VENTO E NA COR DO CÉU...

MAS NÃO DECIFRAM OS SINAIS DOS TEMPOS...?! NENHUM OUTRO SINAL SERÁ DADO A ESSA GERAÇÃO INFIEL A NÃO SER O DE JONAS!!

...JESUS SE RECUSOU!

NA REGIÃO DE CESARÉIA DE FILIPE...

JESUS SURPREENDEU OS DISCÍPULOS COM UMA PERGUNTA ESTRANHA...

QUEM AS PESSOAS ACHAM QUE EU SOU?

AHN, BOM... ALGUMAS DIZEM QUE É JOÃO BATISTA...

OUTROS DIZEM QUE O SENHOR É ELIAS...OU JEREMIAS...

...OU UM DOS OUTROS PROFETAS!

E VOCÊS? QUEM VOCÊS ACHAM QUE EU SOU?

MESTRE... O SENHOR É O MESSIAS... O FILHO DO DEUS VIVO!

184 Mateus 16.1-17.9 Marcos 8.11-13

— SIMÃO, VOCÊ É MUITO FELIZ... MEU PAI NO CÉU REVELOU ISSO PRA VOCÊ!

— VOCÊ SE CHAMA PEDRO, A ROCHA...

EMBORA PEDRO NÃO TENHA ENTENDIDO MUITO BEM O QUE JESUS DISSE, AS PALAVRAS O DEIXARAM MUITO ANIMADO SOBRE O FUTURO...

— E VOU CONSTRUIR A MINHA IGREJA SOBRE ESSA ROCHA!

— MAS, ENTÃO...

— VOU LHES DAR UM AVISO... NÃO CONTEM A NINGUÉM QUE EU SOU O MESSIAS...

— LOGO, LOGO, VOU A JERUSALÉM... PARA SER PRESO PELOS LÍDERES, SACERDOTES E MESTRES DA LEI...

— MAS...

— NUNCA!

— MESTRE, DE JEITO NENHUM!!

— ISSO NÃO VAI ACONTECER!!

— ...E MORTO!!

— ...DEPOIS DE TRÊS DIAS, VOLTAREI A VIVER!

Mateus 16.1-17.9   Marcos 8.27-9.9

SE VOCÊS TENTAREM SALVAR A PRÓPRIA VIDA, VÃO PERDÊ-LA... MAS SE A ENTREGAREM POR MIM, ENCONTRARÃO A VERDADEIRA VIDA!

O FILHO DO HOMEM APARECERÁ EM TODO O SEU ESPLENDOR PARA JULGAR O MUNDO... ALIÁS, ALGUNS DE VOCÊS VERÃO ESSE ESPLENDOR!

SEIS DIAS DEPOIS, JESUS LEVOU PEDRO E JOÃO PARA O ALTO DE UM MONTE...

ENQUANTO JESUS ORAVA...

PA AH

!?

A APARÊNCIA DE JESUS MUDOU...

...E SEU ROSTO BRILHAVA COMO O SOL!

186   Mateus 16.1-17.9   Marcos 8.27-9.9

DE REPENTE HAVIA DOIS HOMENS A SEU LADO...
É MOI-SÉS!
...E ELIAS!!
!
M-MESTRE... QUER QUE E-EU ARME TRÊS TENDAS AQUI...?
UMA PRO SENHOR, UMA PRA MOISÉS E OUTRA PRA ELIAS...?!
ENTÃO OUVIRAM UMA VOZ...
ESTE É MEU FILHO, A QUEM AMO... OUÇAM O QUE ELE DIZ!!!
AHH!
?!
NÃO TENHAM MEDO!!
LEVANTEM-SE!
...NÃO CONTEM A NINGUÉM O QUE VIRAM AQUI!
ATÉ EU RESSUSCITAR...
C-CERTO, MESTRE!

OLHA! ANDRÉ E OS OUTROS ESTÃO DISCUTINDO COM UNS MESTRES DA LEI!

PARECE QUE É SOBRE AQUELE HOMEM AJOELHADO ALI!

O QUE VOCÊS ESTÃO DISCUTINDO?!

MESTRE!!

SENHOR, MEU FILHO ESTÁ SENDO OPRIMIDO POR UM DEMÔNIO! PEDI QUE SEUS DISCÍPULOS O CURASSEM, MAS ELES NÃO CONSEGUIRAM!

BLUB
BLUB
BLUB

POR FAVOR, SENHOR, AJUDE-O SE PUDER!

ARRG! OS PROFESSORES DA LEI TORCEM PRA GENTE SE DAR MAL, PRA FICAR RUIM PRO MESTRE...

E O POVO FICAR DUVIDANDO QUE ELE CONSEGUE AJUDAR AS PESSOAS!

AH, GENTE MALDOSA E INCRÉDULA...

TRAGAM O MENINO AQUI!

Mateus 17.14-23   Marcos 9.14-32   Lucas 9.37-45

JESUS MANDOU O DEMÔNIO DEIXAR O GAROTO... E ELE OBEDECEU!

KOF

?!

AHH!

M-MESTRE... POR QUE NÃO CONSEGUIMOS EXPULSAR AQUELE DEMÔNIO?!

PORQUE A SUA FÉ É PEQUENA DEMAIS...

...E AQUELE TIPO SÓ SAI COM ORAÇÃO!

OUÇAM O QUE DIGO... O FILHO DO HOMEM SERÁ ENTREGUE A ASSASSINOS!

MAS RESSUSCITARÁ DEPOIS DE TRÊS DIAS!

ELE FALOU DE NOVO EM MORTE... E RESSURREIÇÃO...?

OS DISCÍPULOS QUERIAM ENTENDER O QUE JESUS DISSE, MAS FICARAM COM MEDO DE PERGUNTAR.

VOLTARAM COM ELE PARA CAFARNAUM...

Mateus 17.14-23 Marcos 9.14-32 Lucas 9.37-45 **189**

Mateus 17.24-27

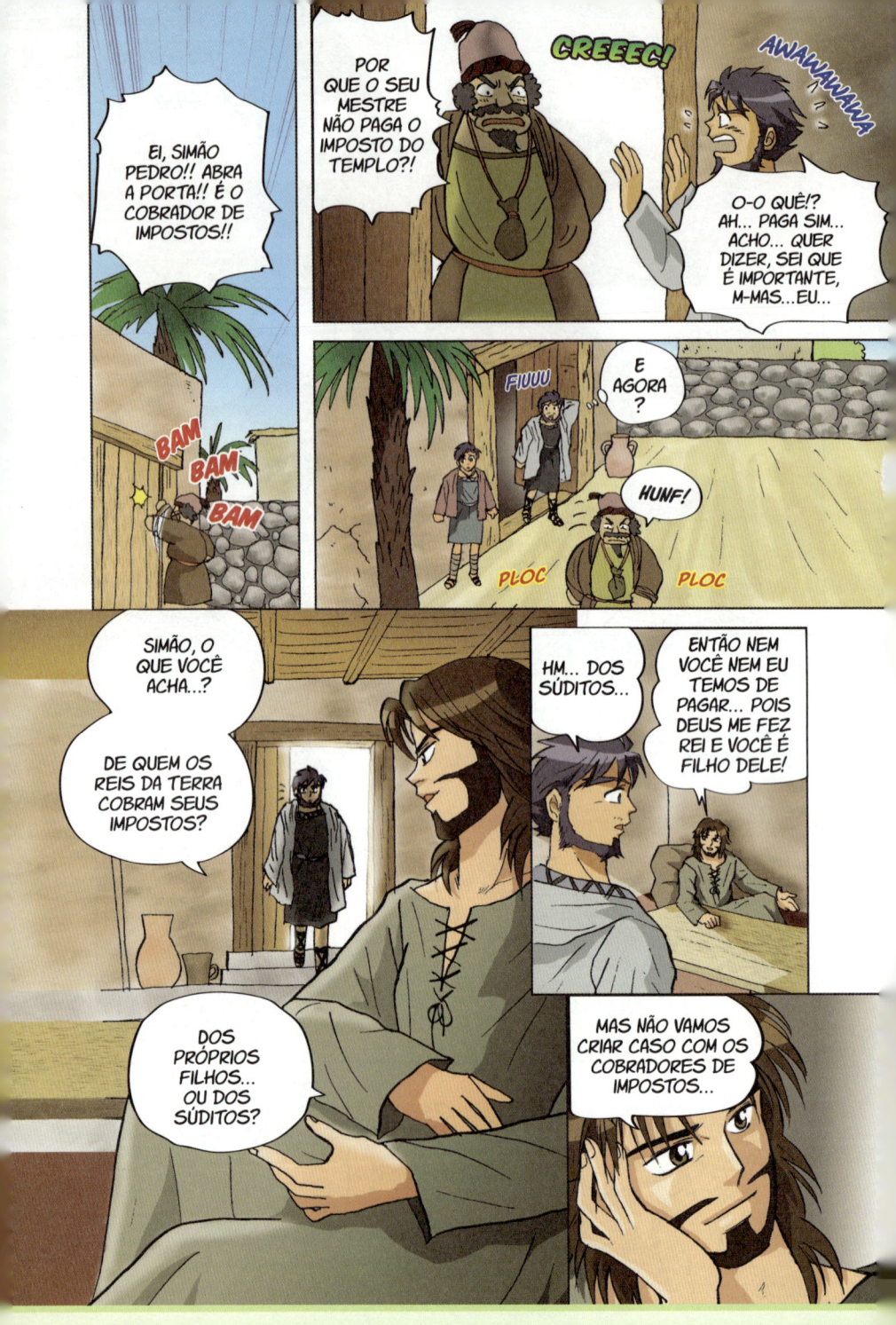

Mateus 17.24-27, 18.1-11   Marcos 9.33-41   Lucas 9.46-50

ESCUTEM... SE UM DE VOCÊS QUER SER O MAIOR, DEVE SE TORNAR O MENOR...

É JESUS!

POC POC POC

A NÃO SER QUE O CORAÇÃO DE VOCÊS SEJA IGUAL AO DE UMA CRIANÇA, VOCÊS NÃO ENTRARÃO NO REINO DOS CÉUS!

QUEM RECEBE UMA CRIANÇA EM MEU NOME, RECEBE QUEM ME ENVIOU!

E SE TORNAR ESCRAVO DE TODOS!

HI HI
HI HI

....

MESTRE... VIMOS ALGUÉM EXPULSAR UM DEMÔNIO EM SEU NOME... TENTAMOS IMPEDIR, MAS...

NÃO IMPEÇAM!

QUEM NÃO É CONTRA NÓS... É POR NÓS!

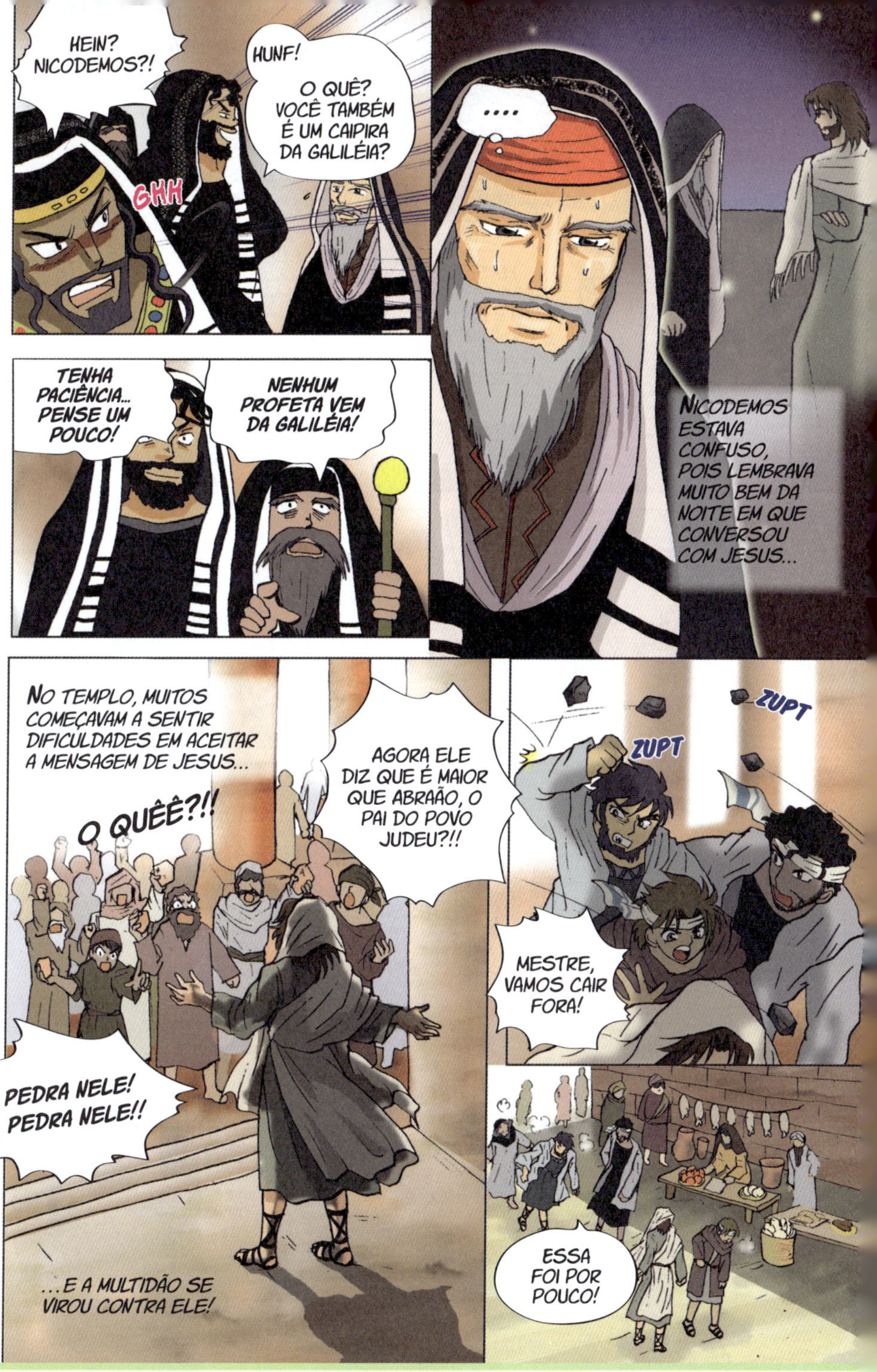
HEIN? NICODEMOS?!
HUNF!
O QUÊ? VOCÊ TAMBÉM É UM CAIPIRA DA GALILÉIA?
GHH
....
TENHA PACIÊNCIA... PENSE UM POUCO!
NENHUM PROFETA VEM DA GALILÉIA!
NICODEMOS ESTAVA CONFUSO, POIS LEMBRAVA MUITO BEM DA NOITE EM QUE CONVERSOU COM JESUS...
NO TEMPLO, MUITOS COMEÇAVAM A SENTIR DIFICULDADES EM ACEITAR A MENSAGEM DE JESUS...
O QUÊÊ?!!
AGORA ELE DIZ QUE É MAIOR QUE ABRAÃO, O PAI DO POVO JUDEU?!!
PEDRA NELE! PEDRA NELE!!
...E A MULTIDÃO SE VIROU CONTRA ELE!
ZUPT
ZUPT
MESTRE, VAMOS CAIR FORA!
ESSA FOI POR POUCO!

UFA...! QUE SUSTO! ESTÁ CADA VEZ MAIS PERIGOSO FICAR EM JERUSALÉM!
ARF
ARF
EU SEI! MAS O MESTRE INSISTE EM FICAR E ENSINAR! ATÉ QUANDO VAI DURAR ISSO?
JESUS PERMANECEU EM JERUSALÉM DEPOIS DA FESTA DOS TABERNÁCULOS, APESAR DO MEDO DOS DISCÍPULOS E LOGO ELE ESTAVA DE VOLTA AO TEMPLO...
BRRR
BRRR
BRRR
MESTRE... ESTA MULHER FOI APANHADA EM ADULTÉRIO! O PRÓPRIO MOISÉS MANDOU APEDREJAR ESSA GENTE ATÉ A MORTE!
O QUE O SENHOR ACHA?!

MAIS UMA VEZ, OS INIMIGOS DE JESUS FAZIAM PERGUNTAS DIFÍCEIS, TENTANDO ENREDÁ-LO EM SUAS PRÓPRIAS PALAVRAS...

....

PARE DE ENROLAR!! RESPONDA NOSSA PERGUNTA... AGORA!!

RISC RISC

MESTRE! O QUE O SENHOR ESTÁ FAZENDO...? ESCREVENDO NO CHÃO?!

TUDO BEM, SE ALGUÉM AQUI NUNCA PECOU NA VIDA, PODE ATIRAR A PRIMEIRA PEDRA!

UHH

?!

AO OUVIR AS PALAVRAS DE JESUS... TODOS SAÍRAM, UM DE CADA VEZ... PRIMEIRO OS MAIS VELHOS E DEPOIS OS MAIS NOVOS. NÃO FICOU NINGUÉM NO PÁTIO DO TEMPLO...

MULHER... PARA ONDE FOI TODO MUNDO?!

NÃO FICOU NINGUÉM PRA CONDENAR VOCÊ?

N-NÃO, SENHOR...

NINGUÉM...!

EU TAMBÉM NÃO VOU CONDENAR VOCÊ!

PODE IR!

E NO OUTRO DIA...

...E NÃO VIVA MAIS EM PECADO!

João 8.1-11

João 9.1-41

HÁ! HÁ! HÁ! ESTOU ENXERGANDO !!
JESUS ABRIU MEUS OLHOS !!
EI! AQUELE ALI NÃO É O CEGO QUE FICA SEMPRE À PORTA DO TEMPLO?
COMO É?!
É VOCÊ MESMO? NÃO ACREDITO!!
MAS HOJE É SÁBADO !!
PODE ACREDITAR, CARA!
BZZZ
BZZZ
VAMOS LEVÁ-LO PARA OS FARISEUS! É CONTRA A LEI CURAR HOJE!
NÃO, NÃO É VOCÊ... É ALGUÉM PARECIDO!
SÓ SEI QUE ERA CEGO, E AGORA VEJO! JESUS ABRIU MEUS OLHOS!
ESSE JESUS É UM PECADOR! ELE NEM GUARDA O SÁBADO!
PECADOR OU NÃO... NÃO IMPORTA...
COMO TEM CORAGEM DE RESPONDER PRA NÓS? SAIA DAQUI!!
CHUT!
UGH!
AAAI...
!
VOCÊ CRÊ NO FILHO DE DEUS?
SENHOR... EU GOSTARIA... MAS, QUEM É ELE?

É QUEM VOCÊ ESTÁ VENDO AGORA...

...QUEM ESTÁ FALANDO COM VOCÊ. SOU EU!

EU SOU O BOM PASTOR!

AQUELE QUE DÁ A VIDA PELAS OVELHAS!

NINGUÉM TIRA A MINHA VIDA. EU A DOU POR VONTADE PRÓPRIA!

Os fariseus e os sacerdotes discutiram e debateram, mas não chegaram a um consenso quanto à pessoa de Jesus...

...PARA DAR VIDA... OU TIRÁ-LA!

FOI POR ISSO QUE O PAI ME DEU TANTA AUTORIDADE!

ESSE HOMEM TEM DEMÔNIO!!

ELE É DOIDO VARRIDO!

MAS UM DEMÔNIO PODE CURAR UM CEGO?

Alguns dias depois, Jesus e os discípulos saíram de Jerusalém.

MESTRE... GOSTARIA DE APRENDER COM O SENHOR!
VAMOS VER QUE RESPOSTA ESSE JOVEM RABINO VAI DAR PRA MINHA PERGUNTA!
OS MESTRES DA LEI CONTINUAVAM NO PÉ DE JESUS, PROCURANDO OPORTUNIDADES PARA TESTÁ-LO...
O QUE DEVO FAZER PARA CONSEGUIR A VIDA ETERNA?
VOCÊ QUE É ESPECIALISTA NA PALAVRA DE DEUS...
O QUE DIZ A LEI?
BEM..."AME O SENHOR SEU DEUS COM TODO O CORAÇÃO E AME O SEU PRÓXIMO COMO A SI MESMO."
ISSO MESMO! CUMPRA ISSO, E VOCÊ VIVERÁ!
HUMM... ESPERA! AHN... QUEM É O MEU PRÓXIMO?
VOU CONTAR UMA HISTÓRIA...

UM HOMEM VIAJAVA DE JERUSALÉM PARA JERICÓ. QUANDO PASSAVA PELAS MONTANHAS...

FOI ATACADO POR LADRÕES, QUE BATERAM MUITO NELE E ROUBARAM TUDO O QUE ELE TINHA!

O HOMEM FICOU TODO FERIDO E IRIA MORRER, SE NINGUÉM O AJUDASSE...

LOGO DEPOIS, UM SACERDOTE SE APROXIMOU...

MAS AO VER O HOMEM, FOI PARA O OUTRO LADO DA ESTRADA.

NÃO SEI DE NADA!

A SEGUIR, UM LEVITA, QUE TRABALHA NO TEMPLO, PASSOU E VIU O HOMEM FERIDO...

E TAMBÉM CORREU PARA O OUTRO LADO!

NÃO VI NADA!

A ÚLTIMA PESSOA FOI UM SAMARITANO, DE QUEM NINGUÉM GOSTAVA...

O QUE ACONTECEU?

AI... ESTÁ TODO MACHUCADO... PRECISA DE AJUDA!

ELE CUIDOU DAS FERIDAS E CARREGOU O HOMEM MONTANHA ABAIXO!

Lucas 10.25-37

O SAMARITANO LEVOU O HOMEM PARA UMA PENSÃO... E DEIXOU TUDO PAGO PARA QUE ELE PUDESSE FICAR ATÉ MELHORAR!

QUAL DOS TRÊS FOI O PRÓXIMO DO HOMEM MACHUCADO?

AHN... O SAM...URRR...O QUE TEVE PENA E CUIDOU DELE...!

ARGH! NEM CONSIGO FALAR ESSA PALAVRA!

CERTÍSSIMO! MAS A SUA VIDA É MUITO MAIS IMPORTANTE DO QUE O SEU CONHECIMENTO...

ENTÃO, VÁ... E FAÇA O MESMO!

VILAREJO DE Betânia

FINALMENTE! ESTOU LOUCO PARA VER LÁZARO, MARTA E MARIA.

ESTOU VENDO A CASA! VAMOS LÁ, GENTE!

TÔ MORTO DE FOME!

MARTA

JESUS! BEM-VINDO À NOSSA CASA!!

MESTRE! ESTOU FAZENDO O JANTAR PRA VOCÊS!

MARIA

OI, JESUS!!

LÁZARO

HAHAHA EPA! HAHAHA EI! HAHAHA

Lucas 10.25-37, 10.38-42

MARIA! EU DISSE QUE PRECISAVA DE SUA AJUDA NA COZINHA! SAIA DE PERTO DE JESUS E VENHA ME AJUDAR!
MARTA... POR QUE VOCÊ NÃO SE SENTA? VENHA CÁ!
LÁZARO? ATÉ VOCÊ!
MARTA, MARTA... VOCÊ SE PREOCUPA COM MUITAS COISAS "IMPORTANTES"...
MAS SÓ UMA É NECESSÁRIA...
MARIA ESCOLHEU O QUE É MELHOR...
E ISSO NÃO DEVE SER TIRADO DELA!
VEM CÁ, MARTA... SENTE-SE AQUI PERTO DE MIM!
DEPOIS, JESUS FOI PARA OUTRO LUGAREJO...
QUANDO OS FARISEUS E OS MESTRES DA LEI DAQUELE LUGAR RECLAMARAM QUE ELE SE JUNTAVA AOS PECADORES, JESUS CONTOU ESTA HISTÓRIA...
UM HOMEM TINHA DOIS FILHOS. O MAIS NOVO LHE DISSE...
PAI, QUERO A MINHA PARTE DA HERANÇA... AGORA!
QUERO VIVER A MINHA PRÓPRIA VIDA!

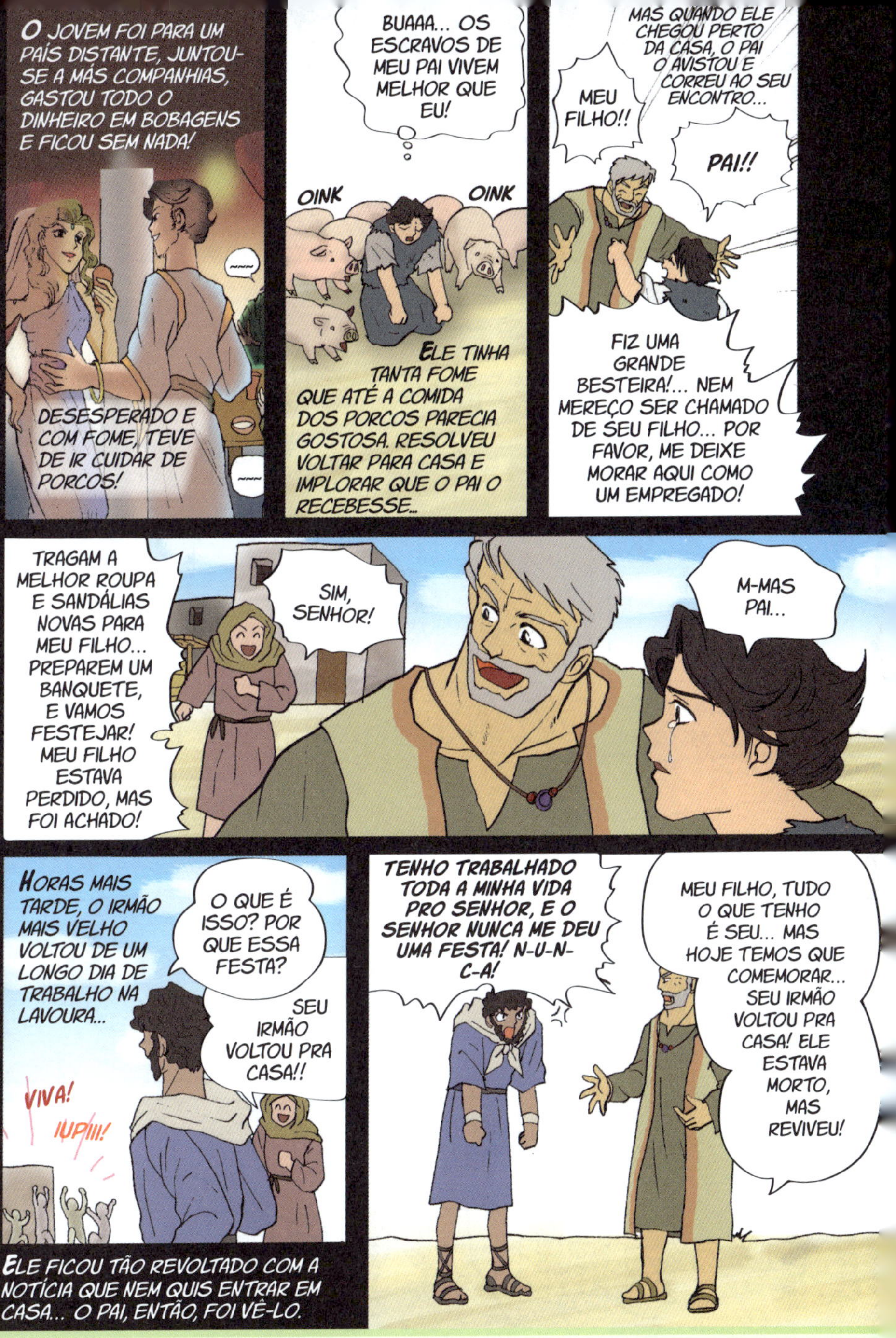

Lucas 15.11-32

QUANDO A HISTÓRIA ACABOU, O POVO FOI EMBORA MARAVILHADO E SURPRESO COM SEU SIGNIFICADO!

ACHO QUE O PAI DA HISTÓRIA É DEUS!

É, EU TAMBÉM ACHO!

E É ASSIM... SE A GENTE VOLTAR PRA ELE, É PERDOADA... MESMO DAS PIORES COISAS QUE JÁ FIZEMOS!

15. LÁZARO MORRE

MESTRE!

TAT TAT

AHN? QUEM SERÁ?!

MESTRE! É O LÁZARO!!

ELE ESTÁ MUITO DOENTE! ESTÁ QUASE MORRENDO!

ARF ARF

POR FAVOR, VENHA VÊ-LO... DEPRESSA!!

CERTO... EU VOU!

ARF ARF

O QUÊ?! VOLTAR À JUDÉIA?!

NÃO, MESTRE!! É PERIGOSO DEMAIS! OUTRO DIA MESMO ELES TENTARAM APEDREJAR O SENHOR!!

ESCUTEM... MEU AMIGO LÁZARO... JÁ ESTÁ MORTO!

MAS ISSO ACONTECEU PARA QUE VOCÊS CREIAM! VAMOS EMBORA!

JESUS E OS DISCÍPULOS RETORNARAM A BETÂNIA... MAS QUANDO CHEGARAM...

MESTRE!!

LÁZARO JÁ ESTAVA MORTO E ENTERRADO HAVIA QUATRO DIAS!

SE O SENHOR ESTIVESSE AQUI... LÁZARO NÃO TERIA MORRIDO!!

MARTA...

SEU IRMÃO VAI RESSUSCITAR...

E-EU SEI DISSO, MESTRE... CREIO QUE TODOS NÓS VAMOS RESSUSCITAR NO FIM DOS TEMPOS... MAS...

EU SOU QUEM VAI RESSUSCITAR OS MORTOS... EU SOU QUEM VAI LHES DAR VIDA DE NOVO!

QUEM CRÊ EM MIM, VIVERÁ PARA SEMPRE... MESMO QUE MORRA!

OHHH, SENHOR!!

MESTRE, É AQUI...

MARIA!

João 11.1-46

ELE MORREU! MEU IRMÃO LÁZARO MORREU!!...
ONDE O SENHOR ESTAVA? POR QUE NÃO VEIO QUANDO PRECISAMOS DO SENHOR?!
O MESTRE ESTÁ CHORANDO...?!
MAS NEM ELE CONSEGUIU IMPEDIR A MORTE DE LÁZARO!
ELES ERAM AMIGOS MESMO...
TIREM A PEDRA!
!?
O-O QUÊ? JÁ SE PASSARAM QUATRO DIAS!
JÁ CHEIRA MAL...
ZUNZUM
ZUNZUM
M-MARTA...!!
BLOM...
BLOM...
LÁZARO!!
VENHA PARA FORA!!
TÁ BRINCANDO!?
IMPOSSÍVEL!!

THUP
THUP
THUP
OHHH
THUMP
LAZARO?!
OH!
UAAAAAU!
MILAGRE!!
MARIA!!
WSSH
UM HOMEM TINHA RESSUSCITADO! A MULTIDÃO MARAVILHADA QUEBROU O SILÊNCIO COM EXCLAMAÇÕES COMO "ELE É O MESSIAS!" E "ELE É O FILHO DE DEUS!".

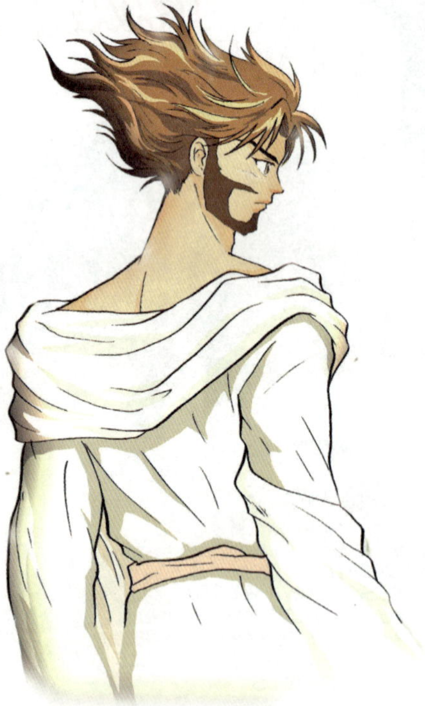

Capítulo 3

16. A ENTRADA EM JERUSALÉM

Algum tempo depois, Jesus e seus discípulos voltaram para Jerusalém...

— Como o tempo voa... esta é minha quarta páscoa com o Mestre desde que me tornei seu discípulo...

— Preparem-se para o que vai acontecer em Jerusalém!

— Os chefes dos sacerdotes e os mestres da lei vão me condenar à morte!

— Pessoas cruéis vão zombar de mim e me surrar...

— Vão me causar sofrimentos terríveis!

— E no fim... serei crucificado!

— Mas... três dias depois... vou ressuscitar!

— Isso é uma profecia?

— Ele já disse isso duas vezes... Mas isso vai acontecer mesmo em Jerusalém?

...

212   Mateus 20.17-28   Marcos 10.32-45

OS PROFETAS NÃO DISSERAM... QUE QUANDO O MESSIAS ENTRAR EM SEU TEMPLO...
...VAI APARECER O REINO DE DEUS... E O MESSIAS SERÁ COROADO REI?!
TIAGO! JOÃO!
HÃ?
CONHEÇO ESSA VOZ... É... É... MÃE?!
OI, MENINOS, SOU EU MESMA!!
VIM PEDIR UM FAVORZINHO AO MESTRE... PARA VOCÊS DOIS!
HU HU HU...BEM, MESTRE... QUANDO O SENHOR SE ASSENTAR EM SEU TRONO...
SERÁ QUE OS MEUS FILHOS PODERIAM SENTAR AO SEU LADO? UM À DIREITA E O OUTRO À ESQUERDA?
M-MÃE!!
...
O QUE A SENHORA QUER QUE EU FAÇA?
A SENHORA SABE O QUE ESTÁ PEDINDO?!
NÃO SOU EU QUE VOU ESCOLHER QUEM SE SENTARÁ À MINHA DIREITA OU ESQUERDA. ESSA DECISÃO CABE A MEU PAI!
PESSOAL! TIAGO E JOÃO TROUXERAM A MÃE DELES PARA GARANTIR UNS PONTINHOS COM O MESTRE!!
CARA! QUE GOLPE BAIXO!
CARAS-DE-PAU!

— ESCUTEM AQUI, VOCÊS TODOS!

GLUP

— VOCÊS NÃO DEVIAM DISCUTIR SOBRE ISSO!

— QUEM QUER MESMO SER IMPORTANTE TEM DE SE TORNAR SERVO!

— QUANDO VOCÊS BRIGAM PELO PODER OU TENTAM SER GRANDES, VOCÊS SE COMPORTAM EXATAMENTE COMO OS LÍDERES PAGÃOS!

Quatro dias depois de sair da Galiléia, eles chegaram a Jericó...

Ali, dois cegos foram curados.

Um deles, chamado Bartimeu, seguiu Jesus até Jerusalém.

— JESUS! ME CURE TAMBÉM!

— SENHOR!!

— GENTE! NÃO CONSIGO VER NADA!!

BOING BOING

— QUERO VER ESSE HOMEM QUE ESTÁ NA BOCA DO POVO!

— MAS... ARRE... SOU BAIXINHO DEMAIS!!

214 Mateus 20.17-33 Marcos 10.32-52 Lucas 19.1-10

Lucas 19.1-10

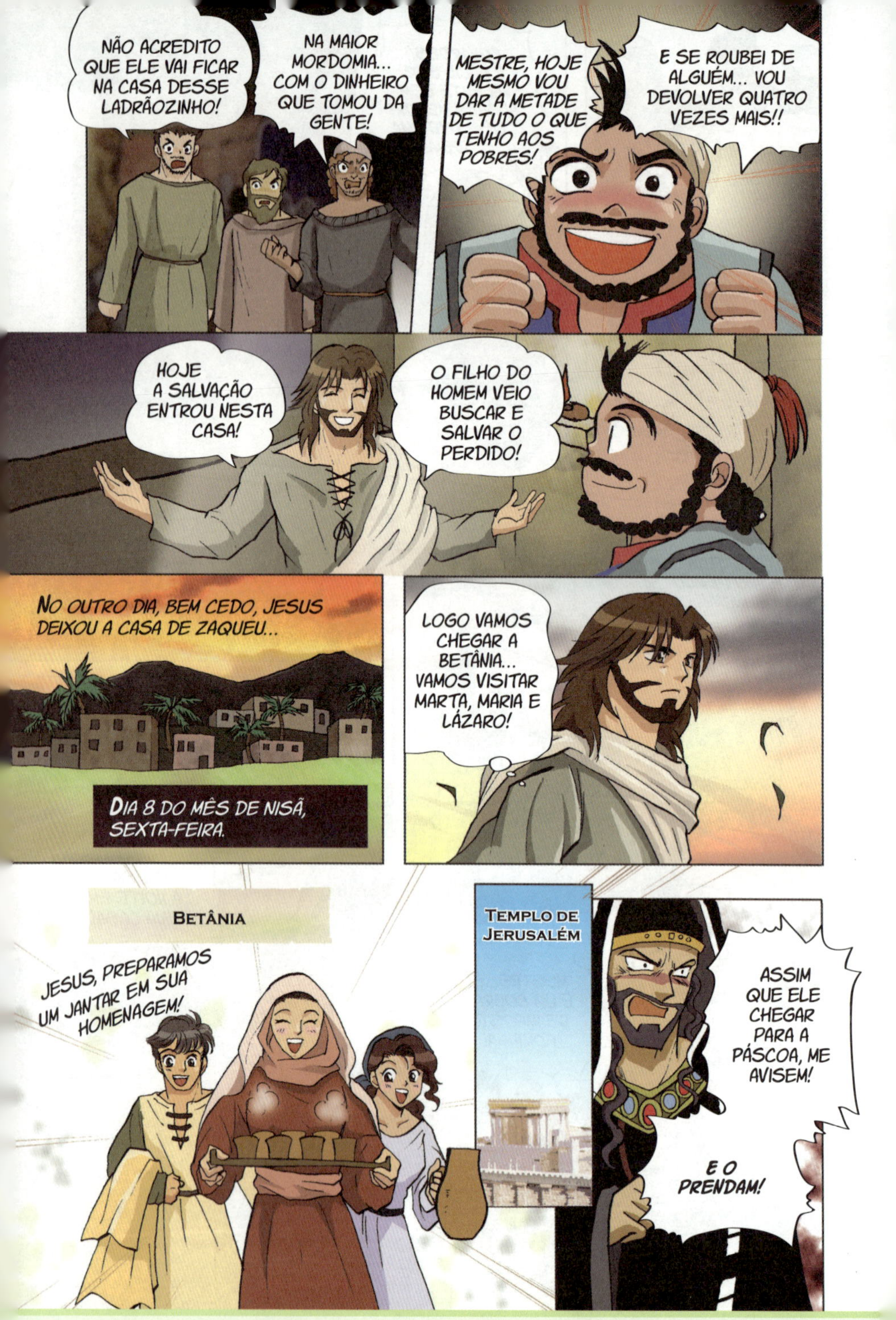

 Mateus 26.3-4 Marcos 14.1-2 Lucas 19.1-10 João 12.1-2

DIA 10 DO MÊS DE NISÃ, DOMINGO
NUMA VILA PRÓXIMA A BEFTAGÉ, NO MONTE DAS OLIVEIRAS...
...VOCÊS ENCONTRARÃO UMA JUMENTA AMARRADA, E O FILHOTE DELA!
PEDRO... JOÃO... VÃO BUSCAR ESSE ANIMAL!
COMO? UM JUMENTO?!
SE ALGUÉM PERGUNTAR O QUE ESTÃO FAZENDO, RESPONDAM: "O SENHOR PRECISA DELE!".
JESUS ENTRARIA EM JERUSALÉM NUM JUMENTINHO PARA CUMPRIR AS PALAVRAS DO PROFETA ZACARIAS...
"EIS QUE O SEU REI VEM A VOCÊ... HUMILDE E MONTADO NUM JUMENTO, NUM JUMENTINHO, CRIA DE JUMENTA."
ALELUIA!
GLÓRIA A DEUS!
"HOSANA AO FILHO DE DAVI! BENDITO O QUE VEM EM NOME DO SENHOR!"
A CHEGADA DE JESUS NUM JUMENTINHO FOI RECEBIDA COM EXCLAMAÇÕES DE LOUVOR DO POVO...

UAU! ESTÃO FORRANDO O CHÃO COM RAMOS DE PALMEIRAS PARA ELE...
...COMO SE FAZ PARA A CHEGADA DE... UM REI!
GLÓRIA A DEUS!
HOSANA!
ELE ESTÁ POPULAR DEMAIS! COMO DAR UM BASTA NELE SE O MUNDO INTEIRO VAI ATRÁS DELE?!
VIVA!
IUPI!!!
CRASH!
ENTRANDO EM JERUSALÉM, JESUS FOI AO TEMPLO, E EXPULSOU DE NOVO OS MERCADORES E CAMBISTAS!
MINHA CASA DEVE SER UMA CASA DE ORAÇÃO! MAS VOCÊS A TRANSFORMARAM NUM COVIL DE LADRÕES!!
OS PRINCIPAIS SACERDOTES QUERIAM MATAR JESUS, MAS FICARAM COM MEDO DO POVO QUE SE MARAVILHAVA COM CADA PALAVRA QUE ELE FALAVA.

SEGUNDA-FEIRA, DIA 11 DO MÊS DE NISÃ

JERUSALÉM

BETÂNIA

MAR MORTO

BETÂNIA TORNOU-SE A BASE DE JESUS, E ELE SAÍA DE LÁ TODOS OS DIAS, PARA IR A JERUSALÉM...

ACHEI QUE SEUS GALHOS ME DARIAM ALGUNS FIGOS...

A CAMINHADA LEVAVA UMA HORA. NUMA DESSAS VIAGENS, O GRUPO FICOU COM FOME...

MAS VOCÊ NÃO TEM NADA!

QUE VOCÊ NUNCA MAIS DÊ FRUTOS!!

ELE... ELE ESTÁ AMALDIÇOANDO A FIGUEIRA...!?

HUNF!

VOCÊS ACHAM QUE O MESTRE ESTÁ... AHN... BEM?

Mateus 21.18-19   Marcos 11.12-14   **219**

ALGUNS GREGOS ESTAVAM EM JERUSALÉM PARA A FESTA DA PÁSCOA. ELES SE APROXIMARAM DE FILIPE COM UM PEDIDO...

SENHOR, NÃO SOMOS JUDEUS, MAS CREMOS NO DEUS DE ISRAEL!

GOSTARÍAMOS MUITO DE CONHECER JESUS!

FILIPE FOI CONVERSAR COM ANDRÉ, E JUNTOS, FALARAM COM JESUS SOBRE O ASSUNTO...

MESTRE, O QUE O SENHOR ACHA?

....

SE O GRÃO DE TRIGO NÃO FOR ENTERRADO NA TERRA...

...CONTINUARÁ SENDO SÓ UMA SEMENTE!

MAS QUANDO É ENTERRADO, ELE CRESCE... ...E PRODUZ MUITAS OUTRAS SEMENTES!

AGORA MEU CORAÇÃO ESTÁ PERTURBADO!

Ó, PAI, MOSTRE-LHES COMO O SEU NOME É GLORIOSO!

ENTÃO UMA VOZ DO CÉU FALOU...

EU JÁ GLORIFIQUEI O MEU NOME... E VOU GLORIFICÁ-LO NOVAMENTE!!

João 12.20-32

— QUE FOI ISSO!?

— TROVÃO! EU ACHO...

— NÃO. FOI UM ANJO... E ELE FALOU COM AQUELE HOMEM!

— A VOZ FOI PARA O BEM DE VOCÊS... NÃO PARA O MEU!

— CHEGOU A HORA DE OS HOMENS SEREM JULGADOS... E O PRÍNCIPE DESTE MUNDO SER EXPULSO!

— MAS QUANDO EU FOR LEVANTADO... ATRAIREI TODOS A MIM!

Os gregos não conseguiram conhecer Jesus naquele dia... mas ouviram Jesus dizer que reuniria judeus e outros, de fora de Israel como eles, que também criam... e ficaram satisfeitos!

...voltaram para a terra deles e se tornaram pioneiros de uma multidão de cristãos não-judeus!

João 12.20-32

17. INVESTIGAÇÃO SOBRE O CORDEIRO DE DEUS

TERÇA-FEIRA, DIA 12 DO MÊS DE NISÃ

Mais uma vez, Jesus e os discípulos foram de Betânia a Jerusalém...

ESTAVA PENSANDO... O QUE ACONTECEU COM A FIGUEIRA QUE O MESTRE AMALDIÇOOU ONTEM?!

MESTRE! A ÁRVORE! ESTÁ TODA SECA!!

ESTÁ SECA ATÉ A RAIZ!

..... ACREDITEM EM DEUS! EU FALO A VERDADE...

SE VOCÊS ACREDITAREM, PODEM MANDAR A MONTANHA JOGAR-SE NO MAR...

...E ISSO VAI ACONTECER!

SE ORAREM COM FÉ, O QUE PEDIREM LHES SERÁ DADO!

APRENDAM COM A FIGUEIRA!!

Mateus 21.20-22   Marcos 11.20-26

Este seria um dia longo e difícil... Oficiais do templo e líderes religiosos viviam caçando oportunidades para desafiar Jesus com perguntas difíceis.

AHAH... LÁ VEM O "MR. POPULARIDADE"! TENHO UMA PERGUNTA, JESUS DE NAZARÉ!

COM QUE AUTORIDADE VOCÊ EXPULSOU OS COMERCIANTES DO TEMPLO NO OUTRO DIA!?

SACERDOTES E LÍDERES DE JERUSALÉM

.....

E EU PERGUNTO...

JOÃO BATISTA

DE ONDE VEIO A AUTORIDADE DE JOÃO BATISTA?

HMMM...

UHH...

GRRR... SE EU RESPONDER "DO CÉU", ELE VAI PERGUNTAR POR QUE EU NÃO ACREDITEI EM JOÃO! SE EU DISSER "DOS HOMENS"...

... A MULTIDÃO PODE SE VOLTAR CONTRA NÓS... TODO MUNDO AMAVA JOÃO...

NÃO... AHN... NÃO SABEMOS!

SEI... ENTÃO TAMBÉM NÃO VOU RESPONDER SUA PERGUNTA!

Mateus 21.23-27   Marcos 11.27-33   Lucas 20.1-8

DEPOIS DE CALAR OS SACERDOTES E OS LÍDERES, JESUS CONTOU ESTA HISTÓRIA AO POVO...
CERTO HOMEM ARRENDOU SEU VINHEDO A UNS LAVRADORES... E FOI VIAJAR. QUANDO CHEGOU O TEMPO DA COLHEITA...
...MANDOU OS SERVOS RECEBEREM SUA PARTE DA RENDA!
OS LAVRADORES ATACARAM UM E MATARAM OS OUTROS DOIS SERVOS!
"VOU ENVIAR MEU FILHO PARA RESOLVER O PROBLEMA", DECIDIU O HOMEM... "CERTAMENTE VÃO RESPEITÁ-LO!"
MAS...
...QUANDO O FILHO CHEGOU ...TAMBÉM FOI MORTO!
OS LAVRADORES ACREDITAVAM QUE SE MATASSEM O FILHO, HERDARIAM TUDO!
O QUE O HOMEM FARÁ COM ELES?
ELE OS DESTRUIRÁ... E ENCONTRARÁ OUTROS LAVRADORES PARA SEU VINHEDO!
ESTÁ ESCRITO, "A PEDRA QUE OS CONSTRUTORES REJEITARAM TORNOU-SE A MAIS IMPORTANTE DE TODAS!".
QUEM TROPEÇAR NESSA PEDRA, SERÁ DESPEDAÇADO... SE ELA CAIR EM CIMA DE ALGUÉM... A PESSOA SERÁ ESMAGADA !!
ELE ESTÁ FALANDO DA GENTE! VAMOS CAIR FORA!

A SEGUIR OS FARISEUS DESAFIARAM JESUS...
EI, JESUS! TAMBÉM TEMOS UMA PERGUNTA... É CORRETO PAGAR IMPOSTOS AO IMPERADOR CÉSAR?!
FARISEUS E MESTRES DA LEI
AHAH! DESSA VOCÊ NÃO ESCAPA! SE DISSER "SIM", ESTARÁ AFIRMANDO QUE CÉSAR É O REI DE ISRAEL E NEGANDO SEU DEUS! SE DISSER "NÃO"...
...AH, BEM, ISSO É TRAIÇÃO... E VOCÊ VAI PRESO! VAMOS LÁ, JESUS... RESPONDA!
....
HIPÓCRITAS! ESTÃO QUERENDO ME PASSAR UMA RASTEIRA, É? MOSTRE-ME UMA MOEDA COM QUE PAGAM OS IMPOSTOS!
QUEM É ESTA PESSOA AQUI? QUE NOME É ESTE?
AHN... CÉSAR...
ENTÃO DÊEM A CÉSAR O QUE É DE CÉSAR...
E A DEUS O QUE É DE DEUS!

DHUUUUUUUM!
O TERCEIRO GRUPO A PROCURAR JESUS FOI O DOS SADUCEUS...
MESTRE, VEJA BEM, NÓS NÃO ACREDITAMOS NA RESSURREIÇÃO DOS MORTOS, CERTO?
MAS SE ELA FOSSE VERDADE, COMO O SENHOR RESOLVERIA O SEGUINTE PROBLEMA?
"SE UM HOMEM MORRE SEM DEIXAR UM FILHO, PELA LEI, A VIÚVA É OBRIGADA A SE CASAR COM O IRMÃO DELE. QUANDO RESSUSCITAREM, ELA VAI SER ESPOSA DE QUEM? DO PRIMEIRO OU DO SEGUNDO?"
VOCÊS NÃO ENTENDEM A PALAVRA DE DEUS PORQUE NÃO TÊM O PODER E A SABEDORIA DELE NO CORAÇÃO!
QUANDO OS MORTOS RESSUSCITAREM, ELES NÃO SE CASARÃO NEM SERÃO DADOS EM CASAMENTO PELOS PAIS... SERÃO COMO OS ANJOS DO CÉU!
OS TEXTOS ANTIGOS AFIRMAM: "EU SOU O DEUS DE ABRAÃO, O DEUS DE ISAQUE E O DEUS DE JACÓ..."
ELE NÃO É O DEUS DOS MORTOS... MAS DOS VIVOS!!
OS SADUCEUS FORAM EMBORA QUIETINHOS!

As perguntas continuavam...

"Qual é o mandamento mais importante da Lei de Moisés?"

OS MESTRES DA LEI

"Ame o Senhor seu Deus com todo o seu coração... com toda a sua alma... e com todo o seu entendimento!"

"Esse é o primeiro e o maior mandamento! O segundo é 'Ame o seu próximo como você ama a si mesmo'!"

"O Messias é o filho de Davi?"

OS FARISEUS

"Vocês dizem que o Messias será filho do Rei Davi... Mas nos escritos antigos, o próprio Davi afirma que o Messias é o seu Senhor! Como ele pode ser filho do Rei?"

A arrogância e a malícia desses líderes religiosos enfureciam Jesus...

Jesus falava para o povo não ser igual a eles, porque não praticavam o que pregavam...

Jesus, porém, respondeu todas as perguntas e venceu todas as discussões com eles... até que, finalmente, eles não ousaram lhe perguntar mais nada!

Então Jesus exclamou:

"Ah, Jerusalém... Por que você sempre ataca e mata os mensageiros de Deus? Pois você não me verá mais até que diga: 'Bendito o que vem em nome do Senhor!'"

"Faltam dois dias para a Páscoa, quando serei pregado na cruz e sacrificado... pois sou o Cordeiro de Deus!"

Essa foi a quarta vez que Jesus conversou com os discípulos a respeito de sua morte... e o dia longo e difícil terminou, finalmente...

Mateus 22.23-46 Marcos 12.28-37 Lucas 20.41-44

18. JUDAS, O TRAIDOR
QUANDO JESUS E OS DISCÍPULOS RETORNARAM A BETÂNIA, FORAM COMER NA CASA DE MARTA, MARIA E LÁZARO...
QUARTA-FEIRA, DIA 13 DO MÊS DE NISÃ
DE REPENTE...
MARIA! ISSO AÍ É PERFUME DE NARDO? TOME CUIDADO!!
JÁ ABRIU !!
HMM...QUE PERFUME GOSTOSO...!
....
WSSH
WSSH
QUE DESPERDÍCIO! ESSE PERFUME VALIA MAIS QUE UM ANO DE TRABALHO!!
JUDAS...
PODÍAMOS VENDER E DAR O DINHEIRO AOS POBRES!
!
NA VERDADE, JUDAS NÃO ESTAVA PREOCUPADO COM OS POBRES...
ELE CUIDAVA DAS FINANÇAS DO GRUPO ...E COSTUMAVA ROUBAR O DINHEIRO DA TURMA!

Mateus 26.6-16   Marcos 14.3-11

SE EU ENTREGASSE JESUS DE NAZARÉ EM SUAS MÃOS...

ARF

O QUÊ!? ESTÁ FALANDO SÉRIO?!

DIGAMOS ...TRINTA MOEDAS DE PRATA?!

ESSE ERA O PREÇO DE UM ESCRAVO...

ARF

QUANTO ESTARIAM DISPOSTOS A ME PAGAR POR ISSO?!

OS SACERDOTES RETIRARAM AS MOEDAS DO DINHEIRO DESTINADO À COMPRA DE ANIMAIS USADOS NO SACRIFÍCIO...

NEM PERCEBERAM QUE ESTAVAM COMPRANDO O SACRIFÍCIO SUPREMO... O CORDEIRO DE DEUS!

Mateus 26.6-16 Marcos 14.3-11 Lucas 22.3-6

QUINTA-FEIRA, DIA 14 DO MÊS DE NISÃ

O SOL ESTÁ SE PONDO! ONDE VAMOS COMEMORAR A PÁSCOA?

MESTRE... CADÊ O CORDEIRO DA PÁSCOA?

ONDE O SENHOR QUER QUE PREPAREMOS O JANTAR?

PEDRO... JOÃO...

NÃO DÁ TEMPO DE PREPARAR O JANTAR!!

ERA A TARDE DA PÁSCOA, E O TEMPO DE JESUS ESTAVA SE ESGOTANDO...

ENTREM NA CIDADE E PROCUREM UM HOMEM CARREGANDO UM POTE DE ÁGUA... VÃO ATRÁS DELE... PROCUREM O DONO DA CASA ONDE ELE ENTRAR...

E PERGUNTEM: "ONDE O MESTRE PODERÁ JANTAR COM SEUS DISCÍPULOS?" ELE VAI MOSTRAR UMA SALA GRANDE NO ANDAR DE CIMA! PREPAREM ALI NOSSO JANTAR!

UM HOMEM CARREGANDO POTE DE ÁGUA!?

E TEM ALGUM HOMEM QUE FAZ ISSO?!

VOCÊ ENTENDEU O QUE FAZER?

AHN... ACHO QUE SIM...

OLHA!

SÓ PODE SER ELE!

PRA LÁ   PRA CÁ

CADÊ O HOMEM?

Mateus 26.17-20   Marcos 14.12-17   Lucas 22.7-14

ELE VAI EM DIREÇÃO ÀQUELA CASA... RÁPIDO! CHAME O HOMEM, PEDRO!

AHN... POR FAVOR...?

HEIN? AH, SIM! ALGUÉM ME DISSE QUE VOCÊS VIRIAM!

POR AQUI!!

19. A CEIA DO SENHOR

232   Mateus 26.17-20   Marcos 14.12-17   Lucas 22.7-14

SEXTA-FEIRA, DIA 15 DO MÊS DE NISÃ
NO CALENDÁRIO JUDEU, O DIA COMEÇA AO PÔR-DO-SOL... E ASSIM TEVE INÍCIO O DIA MAIS IMPORTANTE DA VIDA DE JESUS... E DA HISTÓRIA DO MUNDO TODO!
JOÃO... VENHA AQUI... VOU LAVAR ESSES PÉS SUJOS DE PÓ!
M-MESTRE ?!
O QUÊ?
SPLISH
SPLISH
O MESTRE LAVANDO OS NOSSOS PÉS...? ISSO É TAREFA DE ESCRAVOS!... EU É QUE DEVIA FAZER ISSO!!
N-NÃO ...
POR QUE O SENHOR VAI LAVAR MEUS PÉS?!

AGORA VOCÊ NÃO ENTENDE O QUE ESTOU FAZENDO...

MAS DEPOIS VAI ENTENDER!

MESTRE! O SENHOR NUNCA VAI LAVAR MEUS PÉS!!

PEDRO, SE EU NÃO LAVAR SEUS PÉS, VOCÊ NÃO FARÁ PARTE DA MINHA VIDA!

COMO?!

PERAÍ... ELE DISSE QUE EU NÃO VOU ENTRAR NO REINO DOS CÉUS...?

E-ENTÃO

POR FAVOR, ME LAVE NÃO SÓ OS PÉS, MAS A CABEÇA E AS MÃOS, TAMBÉM!

HI HI!

......

QUEM JÁ TOMOU BANHO, SÓ PRECISA LAVAR OS PÉS... O RESTO JÁ ESTÁ LIMPO...

...E VOCÊ ESTÁ LIMPO!

...MAS NEM TODOS!

HÃ?!

....

VOCÊS ENTENDERAM O QUE EU FIZ?

AO LAVAR SEUS PÉS, EU, O SENHOR E MESTRE DE VOCÊS, DEI-LHES UM EXEMPLO...

VOCÊS TÊM DE FAZER O MESMO UNS AOS OUTROS...

E AMAR UNS AOS OUTROS!

....

MAS... UM DE VOCÊS QUE COME AQUI COMIGO... VAI ME ENTREGAR... AOS MEUS INIMIGOS!

Mateus 26.21-25 Marcos 14.18-21 Lucas 22.21-23 João 13.1-30

João 13.1-30

?!

PRA ONDE O JUDAS FOI?

ELE É O HOMEM DO DINHEIRO...

VAI VER QUE O MESTRE PEDIU PRA ELE COMPRAR MAIS COISAS PRA FESTA...?

BAM!
ARF
ARF
ARF
ARF
ARF
ARF
ARF
ARF

João 13.1-30

 Mateus 26.26-35 Marcos 14.22-31 Lucas 22.15-20, 22.31-34 João 13.36-38

QUANDO MANDEI VOCÊS DE DOIS EM DOIS, EU DISSE PARA NÃO LEVAR PÃO, BOLSA, DINHEIRO NEM ROUPA EXTRA...
... E VOCÊS PASSARAM ALGUMA NECESSIDADE?
NÃO... NENHUMA!
MAS AGORA... SE TIVEREM BOLSA, LEVEM! E LEVEM DINHEIRO TAMBÉM!
E QUEM NÃO TIVER ESPADA, VENDA SUA TÚNICA E COMPRE UMA!
O TEXTO ANTIGO DIZ: "ELE FOI TRATADO COMO CRIMINOSO!" É DE MIM QUE ELE FALA... E VAI SE TORNAR REALIDADE!
TUDO ESTÁ ACONTECENDO AGORA MESMO!!
EI, MESTRE!! TEMOS DUAS ESPADAS! BEM AQUI, OLHA!!
....
HA
HA
HA
JÁ BASTA ...
TODOS FORAM PARA O JARDIM DE GETSÊMANI, NO MONTE DAS OLIVEIRAS. ENQUANTO CAMINHAVAM, JESUS COMEÇOU A PREPARAR O CORAÇÃO DOS DISCÍPULOS...
VOU VOLTAR PARA MEU PAI, E PREPARAR UM LUGAR PARA VOCÊS!

EU SOU O CAMINHO... A VERDADE... E A VIDA!
DE AGORA EM DIANTE, OREM AO PAI EM MEU NOME!
ENVIAREI O ESPÍRITO SANTO PARA SER AMIGO E CONSELHEIRO DE VOCÊS...
ELE GUIARÁ VOCÊS EM TODA VERDADE E SABEDORIA!
DEIXO COM VOCÊS A MINHA PAZ... A PAZ VERDADEIRA...
NÃO A "PAZ" QUE O MUNDO OFERECE!
EU SOU A VIDEIRA E VOCÊS SÃO OS RAMOS...
QUEM PERMANECER LIGADO EM MIM... E EU NELE... PRODUZIRÁ MUITOS FRUTOS!
MAS... O MUNDO ME ODEIA... ENTÃO, VOCÊS FIQUEM PRONTOS PARA SEREM ODIADOS TAMBÉM...
...E TRATADOS EXATAMENTE COMO SOU TRATADO!

20. O JARDIM DE GETSÊMANI

DAQUI A POUCO VOCÊS FICARÃO TRISTES... MAS A TRISTEZA DE VOCÊS SE TRANSFORMARÁ EM ALEGRIA!

VOCÊS TERÃO MUITOS PROBLEMAS NA VIDA...

MAS NÃO DESANIMEM... EU VENCI O MUNDO!

VOU PROCURAR UM LUGAR PARA ORAR!

ESPEREM AQUI!

PEDRO... TIAGO... JOÃO... VAMOS ATÉ LÁ COMIGO...

FIQUEM ATENTOS... VIGIEM... E OREM POR MIM!

O PESO DA TRISTEZA ESTÁ ACABANDO COMIGO!

Mateus 26.36-46 João 14.1-16.24

ABBA, PAI...

TUDO É POSSÍVEL PARA O SENHOR...

ENTÃO... SERIA POSSÍVEL EU ESCAPAR DESTE SOFRIMENTO...?

MAS É A SUA VONTADE QUE DEVE SER FEITA... E NÃO A MINHA!

ARF
ARF

T-TUM
T-TUM

ARF
ARF
ARF
ARF

Mateus 26.36-46   Marcos 14.32-42   Lucas 22.40-46

Mateus 26.36-46   Marcos 14.32-42   Lucas 22.40-46

CRASSHH!

ZZZ

HÃ?! OH, MESTRE...

PEDRO! ACORDE!

DESCULPE!

NÃO CONSEGUIU FICAR ACORDADO NEM UMA HORA?

ORE E FIQUE ATENTO... PARA NÃO CAIR EM TENTAÇÃO E PECADO!

SEU ESPÍRITO ESTÁ PRONTO PARA FAZER O TRABALHO DE DEUS, MAS SEU CORPO É FRACO!

Jesus se retirou mais duas vezes para orar e, nas duas vezes, ao voltar, encontrou os discípulos...

ZZZZ

CHEGA...

NOSSA HORA CHEGOU... O TRAIDOR ESTÁ CHEGANDO!

TROMP   TROMP   TROMP

244   Mateus 26.36-46   Marcos 14.32-42   Lucas 22.40-46

TROMP TROMP TROMP TROMP

— VOU BEIJAR O HOMEM QUE VOCÊ PROCURA... PRENDA-O!

— CERTO!

— JUDAS?! O QUE VOCÊ ESTÁ FAZENDO?!!

— PAZ... MESTRE!

— SHHP!

— ....

— É COM UM BEIJO QUE VOCÊ VENDE O FILHO DO HOMEM...?

— JUDAS?

Mateus 26.47-56   Marcos 14.43-50   Lucas 22.47-53   João 18.2-11   **245**

OLHA... O SUJEITO QUE ELE BEIJOU! ESSE É O CARA!!
PRENDAM ESSE HOMEM!!
MESTRE!! NÓS VAMOS DEFENDER O SENHOR !!
AAHH!
YAAAA!
SLASH!
PEDRO! PARE !!
AAHHHH!!
MINHA ORELHA!! MINHA ORELHA!!
O Q-QUÊ-?!
GUARDEM AS ESPADAS-- VOCÊS ESTÃO DISTORCENDO AS MINHAS PALAVRAS! QUEM CONFIAR NA ESPADA, MORRERÁ PELA ESPADA!!
VOCÊS NÃO SABEM QUE, SE EU PEDISSE, MEU PAI ENVIARIA UM EXÉRCITO DE ANJOS? MAS AÍ, COMO FICARIA A ANTIGA PROFECIA?

E POR ACASO SOU UM BANDIDO PERIGOSO, PRA VOCÊS VIREM ARMADOS ATRÁS DE MIM?

ESTOU AQUI... PODEM ME PRENDER! MAS DEIXEM MEUS DISCÍPULOS EM PAZ!

DAH *DAH* *DAH*

CALADO! VOCÊ ESTÁ PRESO!

GRAB *GRAB*

TROMP *TROMP* *TROMP* *TROMP*

Ôôô...

P-PRA ONDE?!

ESTÃO LEVANDO O MESTRE...

...PRO SUMO SACERDOTE... PRA SER JULGADO!!

CRAC *CRAC*

O PALÁCIO DO SUMO SACERDOTE

Mateus 26.47-56 Marcos 14.43-50 Lucas 22.47-53 João 18.2-11

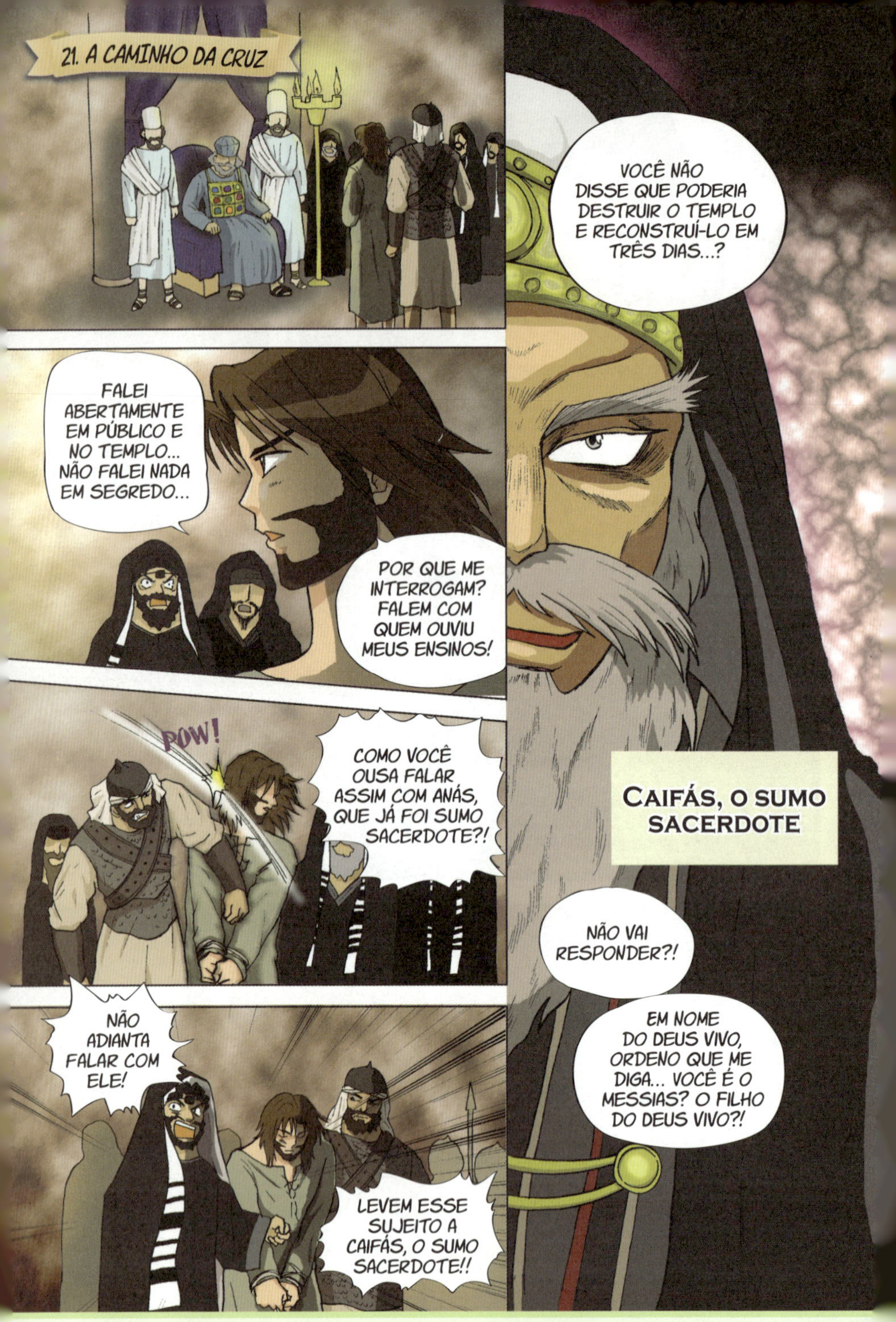

 Mateus 26.57-75 Marcos 14.53-72 Lucas 22.54-62 João 18.12-27

EU SOU...
E VOCÊ VERÁ O FILHO DO HOMEM SENTADO À DIREITA DO TODO-PODEROSO, DESCENDO NAS NUVENS DO CÉU!
PEDRO !!
PEDRO !!
JOÃO!?
O MESTRE ESTÁ SENDO JULGADO AQUI DENTRO, NO PALÁCIO DE CAIFÁS... O QUE VAI CONTRA A LEI JUDAICA! VAMOS LÁ!
CAIFÁS... O SUMO SACERDOTE?! VOCÊ PODE CONHECER, MAS EU NÃO!
FICA FRIO, PEDRO! EU FALO COM O GUARDA DO PORTÃO!
CRAC
CRAC
PRA LÁ
PRA CÁ
CADÊ O JOÃO? CADÊ O MESTRE !?
E POR QUE ESTÁ TÃO FRIO ESSA NOITE?!
BRRR...
EI! O QUE VOCÊ ESTÁ FAZENDO AQUI?!
GLUP!
VOCÊ NÃO ESTAVA COM O PRISIONEIRO?!
NÃO!!
NEM CONHEÇO O CARA!

SEM ESSA! SEU SOTAQUE É ÓBVIO!
NEM SEI DE QUEM VOCÊ ESTÁ FALANDO!!
HRMMM?
CLARO! VOCÊ É O LOUCO QUE TASCOU FORA A ORELHA DO COITADO DO MALCO, QUANDO AGARRARAM AQUELE SUJEITO, O JESUS!
DE JEITO MANEIRA !!
JURO QUE... NÃO SEI NADA DESSE HOMEM!
CO CO RI CO CÓÓÓÓ...
JESUS, VOCÊ BLASFEMOU CONTRA DEUS...
...E DEVE MORRER POR ISSO !!
ANDE!
HÃ?
...
MESMO QUE TODOS O ABANDONEM... EU NUNCA VOU FAZER ISSO!!
...

Mateus 26.57-75   Marcos 14.53-72   Lucas 22.54-62   João 18.12-27   **251**

ENQUANTO ISSO, JUDAS ISCARIOTES, ATORMENTADO PELA CULPA, CORREU À PROCURA DOS LÍDERES RELIGIOSOS...

TOMEM! P-PEGUEM DE VOLTA SEU DINHEIRO! TRAÍ UM INOCENTE!

E DAÍ?! NÃO É PROBLEMA NOSSO!

D-DEUS NUNCA VAI ME P-PERDOAR!

TREME TREME

O PROBLEMA É TODO SEU!! FORA... JUDAS!!

DE MADRUGADA, JUDAS SE ENFORCOU...

...SEU "DINHEIRO DE SANGUE" FICOU ESPALHADO PELO CHÃO DO TEMPLO!

NAQUELA MESMA MANHÃ, NO PALÁCIO DE PÔNCIO PILATOS, O GOVERNADOR ROMANO...

NA ÉPOCA, SÓ O GOVERNO ROMANO TINHA AUTORIDADE PARA EXECUTAR CRIMINOSOS...

EXCELÊNCIA, OS JUDEUS PEDEM O JULGAMENTO DE UM HOMEM CHAMADO JESUS... ELES ESTÃO MUITO AGITADOS E ALEGAM QUE O HOMEM MERECE A PENA DE MORTE!

JÁ OUVI FALAR DO CASO...! TRAGAM-NO!

TAK TAK

ASSIM, OS LÍDERES JUDEUS APRESENTARAM SEU CASO A PILATOS, QUERENDO A MORTE DE JESUS!

PILATOS ESTÁ COMEÇANDO O JULGAMENTO... VAMOS GANHAR OU PERDER?

MUITO BEM... QUE ACUSAÇÕES VOCÊS TÊM CONTRA ESSE HOMEM?

BOM... SENHOR... SE ELE NÃO FOSSE CRIMINOSO, NÃO ESTARÍAMOS AQUI COM ELE!

Mateus 27.11-31   Marcos 15.1-20   Lucas 23.1-25   João 18.28-19.16

...

ELE É UM REVOLUCIONÁRIO! É CONTRA O PAGAMENTO DE IMPOSTOS A CÉSAR... E... ATÉ SE DIZ O MESSIAS... UM REI!!

ENTÃO, EU TENHO DE ACEITAR SUA PALAVRA?

ESCUTE... EU NÃO TENHO TEMPO PARA TODAS AS PICUINHAS DE VOCÊS... CUIDEM DISSO VOCÊS MESMOS!

NÃO TEMOS O DIREITO DE MATAR NINGUÉM!

...

REI? ORA, ORA, ORA... O REI DOS JUDEUS... É VERDADE, PRISIONEIRO?

MEU REINO NÃO É DESTE MUNDO!

EU VIM AO MUNDO PARA TESTEMUNHAR DA VERDADE!

A VERDADE!... O QUE É A VERDADE?

NÃO ACHO QUE ESTE HOMEM SEJA AMEAÇA PARA ALGUÉM!

É SIM!! ELE DEVE MORRER!

254   Mateus 27.11-31   Marcos 15.1-20   Lucas 23.1-25   João 18.28-19.16

ELE ESTÁ CRIANDO CONFUSÃO DESDE QUE SAIU DA GALILÉIA!!
...GALILÉIA ???
AHHH...! ELE É DA GALILÉIA!
ENTÃO É DA JURISDIÇÃO DE HERODES... HERODES QUE O JULGUE!!
ASSIM, JESUS FOI LEVADO A HERODES...
QUAL É O PROBLEMA?! FAÇA UM MILAGRE PRA EU VER!!
...
DE INÍCIO, HERODES FICOU FELIZ. ELE TINHA OUVIDO MUITO SOBRE JESUS E ESTAVA CERTO DE QUE VERIA UM MILAGRE... NO ENTANTO...
NADA DE RESPOSTAS... NADA DE DIVERSÃO!
LEVEM ESTE INFELIZ DE VOLTA PARA PILATOS!!
GRRRR...
GOVERNADOR! O REI HERODES MANDOU O PRISIONEIRO DE VOLTA!

22. A CRUCIFICAÇÃO

MATEM JESUS!!!

MATEM JESUS!!!

Um novo julgamento foi marcado diante de Pôncio Pilatos. Jesus foi acusado de rebelião política e oposição a César, o imperador romano...

...e os sacerdotes incitaram a multidão a se juntar a eles. O povo gritava pedindo a morte de Jesus!

OUÇAM!! NÃO ACHEI NENHUMA RAZÃO PARA MATAR ESTE HOMEM!!

VOU MANDAR AÇOITÁ-LO, E DEIXÁ-LO IR!!!

SSRAKK!!

AHHHH!!

256   Mateus 27.11-31   Marcos 15.1-20   Lucas 23.1-25   João 18.28-19.16

MATE ELE!

MATE JESUS!!

MATE ELE!

O CHICOTE É POUCO!!

PENA DE MORTE!!

TEMOS O COSTUME DE LIBERTAR UM PRISIONEIRO DURANTE A PÁSCOA...

QUEM DEVE SER SOLTO? ESTE HOMEM OU...?

BARRABÁS!!

SOLTE BARRABÁS!!

BARRABÁS ERA UM REVOLUCIONÁRIO JUDEU FAMOSO, PRESO POR ASSASSINATOS DURANTE UMA REVOLTA...

MINHA ESPOSA TEVE UM PESADELO COM ESSE JESUS... E ELA ME AVISOU...
PÔNCIO! NÃO SE ENVOLVA COM ESSE INOCENTE!!
T-TENHO DE ACHAR UM JEITO DE SOLTÁ-LO!
POR FAVOR, GOVERNADOR! OU O SENHOR DECIDE LOGO OU VAMOS TER UM BADERNAÇO!!
UUUU
UUUU
UUUU
BARRABÁS! BARRABÁS!!
SOLTE BARRABÁS !!
UUUUUUUUUUUU
TRAGAM JESUS AQUI...
PONHAM O HOMEM BEM NA FRENTE DA MULTIDÃO!!
AQUI ESTÁ O HOMEM...!
O REI DOS JUDEUS!

CRUCIFICA!

MANDA ELE PRA CRUZ!!

FAÇAM ISSO VOCÊS MESMOS!!

NÃO ACHEI ESSE HOMEM CULPADO DE NADA!!

NOSSA LEI DIZ QUE ELE DEVE MORRER!! ELE SE PROCLAMOU FILHO DE DEUS!!

COMO?!

ENTÃO VOCÊ É DEUS-HOMEM?!

...

RESPONDA!! VOCÊ NÃO PERCEBE QUE EU TENHO PODER DE VIDA OU MORTE SOBRE VOCÊ?!!

SEU ÚNICO PODER É O QUE VEIO DE DEUS... NADA MAIS, NADA MENOS!

SE O SENHOR O LIBERTAR, ESTARÁ SENDO INIMIGO DE CÉSAR!!

É ISSO AÍ!!

GRRHHH...!

Mateus 27.11-31   Marcos 15.1-20   Lucas 23.1-25   João 18.28-19.16

CERTO! FAÇAM O QUE QUISEREM !!
MAS NÃO TENHO NADA A VER COM ISSO!! O SANGUE DELE ESTÁ NAS MÃOS DE VOCÊS!!
MORRAAAHH!
QUE O SANGUE DELE CAIA SOBRE NÓS...
...E SOBRE NOSSOS FILHOS!
HMMM... ESTE CARA SE DIZ REI...
REI DOS JUDEUS!
CRUUUNCH
E AÍ? QUE TAL ESTA COROA?!
AHH !!
HAHA HA HA!
VIVA! VIVA O REI PODEROSO !!
...

OS CONDENADOS À MORTE TINHAM DE CARREGAR SUA PRÓPRIA CRUZ ATÉ O LOCAL DA EXECUÇÃO...
...QUE FICAVA FORA DA CIDADE, NUM MORRO CHAMADO GÓLGOTA... "O LUGAR DA CAVEIRA"!
Z-Z-ZUH
Z-Z-ZUH
TROPEÇA...
NÃO DIMINUA A MARCHA!!
BATERAM DEMAIS NELE... ELE NÃO VAI AGÜENTAR!
CONTINUE ANDANDO!!
SSRAKK!!

SIMÃO, O CIRENEU

É... VOCÊ TEM RAZÃO!

EI-- VOCÊ AÍ! AJUDE AQUI!!

?

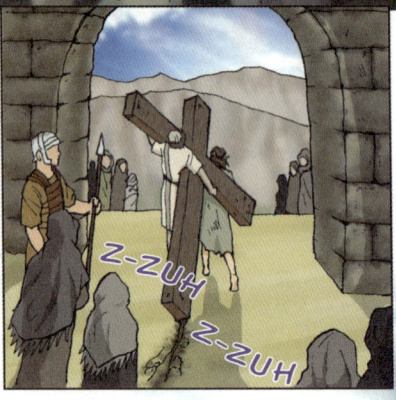

QUEM? EU?!

UUUU   JESUS!   AAAHHH   EEEEEE   NÃO...! S-SENHOR!!   UH-HU

NÃO CHOREM POR MIM... CHOREM POR VOCÊS E POR SEUS FILHOS!

Z-ZUH
Z-ZUH

262 Mateus 27.32-54 Marcos 15.21-41 Lucas 23.26-49 João 19.17-37

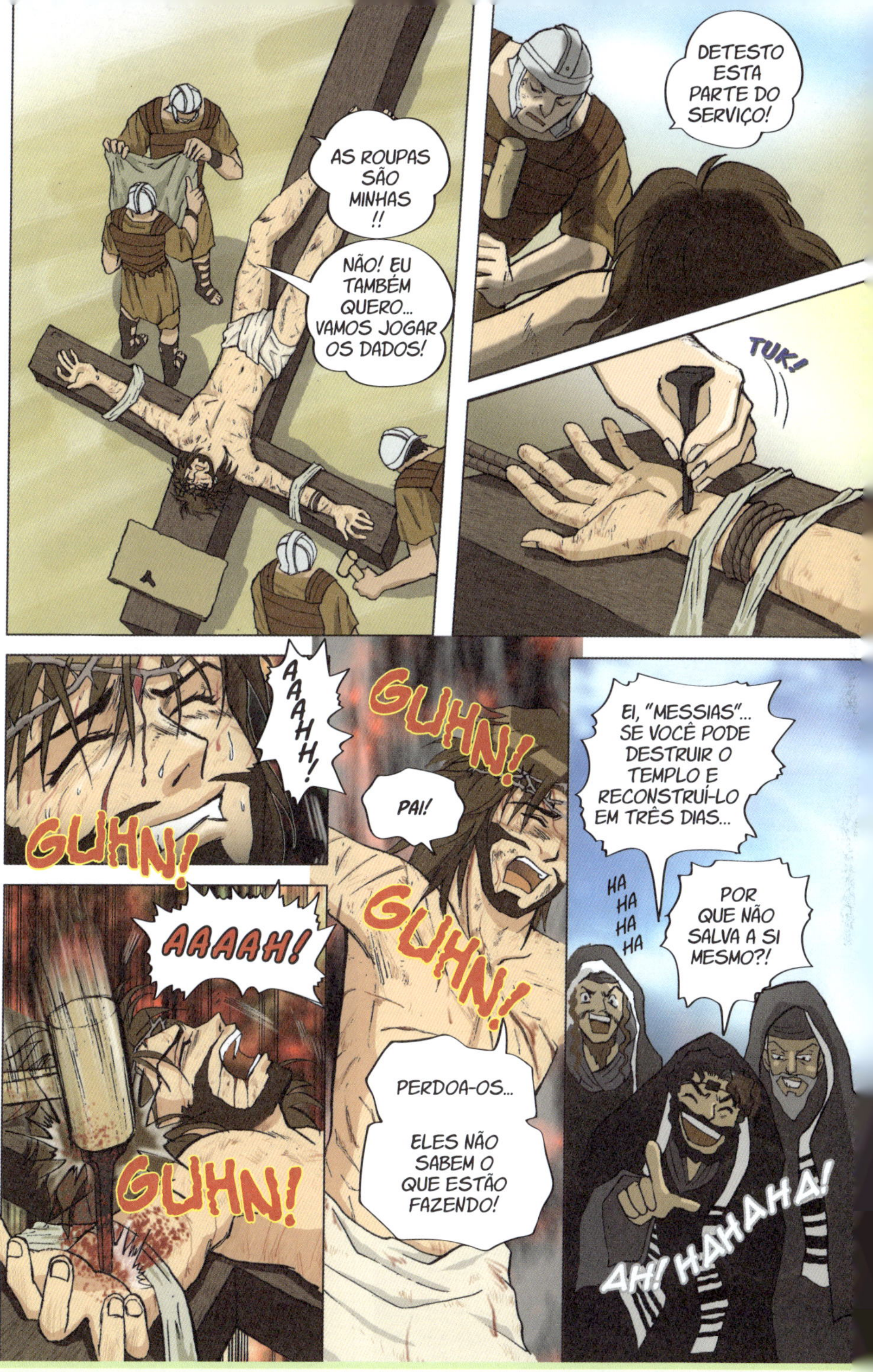
AS ROUPAS SÃO MINHAS !!
NÃO! EU TAMBÉM QUERO... VAMOS JOGAR OS DADOS!
DETESTO ESTA PARTE DO SERVIÇO!
TUK!
AAAHH!
GUHN!
AAAAH!
GUHN!
GUHN!
PAI!
GUHN!
PERDOA-OS...
ELES NÃO SABEM O QUE ESTÃO FAZENDO!
EI, "MESSIAS"... SE VOCÊ PODE DESTRUIR O TEMPLO E RECONSTRUÍ-LO EM TRÊS DIAS...
HA HA HA HA
POR QUE NÃO SALVA A SI MESMO?!
AH! HAHAHA!

GRUH
GRUH...
VOCÊ COLOCOU A PLACA QUE PILATOS MANDOU?
JESUS DE NAZARÉ, REI DOS JUDEUS
IESUS NAZARENVS REX IVDAEORVM
ΙΗΣΟΥΣ Ο ΝΑΖΑΡΑΙΟΣ Ο ΒΑΣΙΛΕΥΣ ΤΩΝ ΙΟΥΔΑΙΩΝ
EI! O QUE É AQUILO ?!
D-DIZ QUE ELE É REI-- EM TRÊS LÍNGUAS!!
ARF
ARF
GOVERNADOR! A PLACA TEM DE SER "ELE DISSE QUE ERA REI DOS JUDEUS"!
VAI FICAR COMO ESTÁ! VIREM-SE !!

EI!
ARF
ARF
SE VOCÊ É O MESSIAS, POR QUE NÃO TIRA A GENTE DAQUI?!
ARF
ARF
ARF
CALA A BOCA!
ARF
ARF
A GENTE MERECE MORRER! MAS ELE NÃO FEZ NADA DE ERRADO!!
SENHOR... POR FAVOR... LEMBRE-SE DE MIM QUANDO ENTRAR NO SEU REINO...
ARF
AFIRMO QUE HOJE MESMO... VOCÊ ESTARÁ COMIGO NO PARAÍSO...
ARF
ARF
OLHA LÁ! A MÃE DELE ESTÁ COM UM DOS DISCÍPULOS!
MÃE... AÍ ESTÁ... SEU FILHO...
JOÃO... ESTA... É... SUA MÃE...
JESUS ESCOLHEU JOÃO PARA CUIDAR DE SUA MÃE...
J-JESUS
MINHA CASA É A CASA DELA, M-MESTRE!

Mateus 27.32-54 • Marcos 15.21-41 • Lucas 23.26-49 • João 19.17-37

OH...

PAI... EM SUAS MÃOS ENTREGO O MEU ESPÍRITO...

CHUAAA

Mateus 27.32-54 Marcos 15.21-41 Lucas 23.26-49 João 19.17-37

E-ESTE HOMEM ERA MESMO O FILHO DE DEUS!!!

SAAAAAHHH

ELE MORREU MESMO?

MORREU!

UM DOS MEMBROS DO CONSELHO JUDAICO, QUE TAMBÉM ERA SEGUIDOR DE JESUS, PEDIU A PILATOS O CORPO DE JESUS, PARA ENTERRAR. PILATOS CONCORDOU.

O CORPO DE JESUS FOI EMBRULHADO EM PANOS DE LINHO...

E COLOCADO NUM SEPULCRO CAVADO NUMA ROCHA...

SENHOR, AQUELE BANDIDO DISSE QUE RESSUSCITARIA EM TRÊS DIAS...

PODE SER QUE OS DISCÍPULOS DELE ROUBEM O CORPO... E DIGAM QUE ELE RESSUSCITOU!!

ENTÃO PONHAM GUARDAS PRA VIGIAR O TÚMULO...! SEI LÁ!!

268   Mateus 27.32-54, 27.62-28.10   Marcos 15.21-41, 16.1-11   Lucas 23.26-49, 24.1-12
João 19.17-37, 20.1-18

23. RESSURREIÇÃO E ASCENÇÃO
NO TERCEIRO DIA, BEM CEDINHO...
VAMOS UNGIR O CORPO DELE COM ESTAS ESPECIARIAS!
FLASH!
BRRRMMM!
BRRMM!
BRRMM!
O QUE É ISSO?
DE REPENTE, UM TERREMOTO ABALOU O CHÃO, E...
OH, NÃO!
TIRARAM A PEDRA!
CADÊ OS GUARDAS?!
ACHO QUE FUGIRAM DE MEDO DO BARULHO ...?!
OLHA! O TÚMULO ESTÁ VAZIO!
VAMOS AVISAR O PEDRO!

MARIA TINHA RAZÃO!!
?
ARF
ISSO É TERRÍVEL!
ARF
O CORPO DELE SUMIU!!
AI, POR QUÊ?!
POR QUÊ?!
G-GLÓRIA A DEUS !!
MULHER, POR QUE VOCÊ ESTÁ CHORANDO?
UH-HUUU-HU
A-ALGUÉM LEVOU EMBORA O CORPO DO MEU SENHOR!
MARIA...
QUEM VOCÊ ESTÁ PROCURANDO?
?!!

MARIA... VÁ DIZER A MEUS IRMÃOS QUE EU RESSUSCITEI!

MEU TRABALHO ESTÁ COMPLETO, E VOU RETORNAR PARA MEU PAI!

M-MESTRE...?

NAQUELE MESMO DIA, JESUS APARECEU A DOIS DISCÍPULOS NA ESTRADA QUE LEVAVA A EMAÚS...

...E NAQUELA NOITE, A TODOS OS DISCÍPULOS, MENOS TOMÉ, QUE NÃO ESTAVA COM O GRUPO.

TOMÉ DUVIDOU... ATÉ QUE, UMA SEMANA DEPOIS, JESUS APARECEU TAMBÉM PARA ELE!

MAIS TARDE, JESUS SE ENCONTROU NOVAMENTE COM PEDRO E OS OUTROS DISCÍPULOS, NO MAR DA GALILÉIA...

SAAAHH
SAAAHH

Mateus 27.62-28.10   Marcos 16.1-11, 16.12-13
Lucas 24.1-12, 24.13-35   João 20.1-18, 20.24-29

João 21.1-19

João 21.1-19

CRAC
CRAC
JESUS HAVIA PREPARADO UMA REFEIÇÃO PARA ELES NA PRAIA...
TRAGAM ALGUNS DE SEUS PEIXES!
UAU! PEGAMOS QUANTOS?
151... 152...
153 AO TODO!
SIMÃO...
FILHO DE JOÃO!
P-POIS NÃO, MESTRE...?
VOCÊ ME AMA...
...MAIS DO QUE TODOS ESTES?

João 21.1-19

"PEDRO, A ROCHA... TENHO UMA TAREFA PRA VOCÊ!"

"DEPOIS QUE EU PARTIR... VOCÊ DEVE CONTINUAR ME SEGUINDO... E APASCENTAR MINHAS OVELHAS!"

Então Pedro entendeu que Jesus o havia perdoado completamente... e que continuaria seu trabalho como discípulo.

Nunca mais ele voltaria a ser pescador...!

MAR DA GALILÉIA. JARDIM DA IGREJA QUE LEMBRA O CHAMADO DE PEDRO.

Durante quarenta dias após a ressurreição, Jesus apareceu várias vezes a seus discípulos e falou-lhes sobre o Reino de Deus... Depois, diante deles, o Mestre foi levado ao céu...!

"DEUS MESMO DECIDIRÁ QUANDO VOLTAREI... QUANDO O REINO DESCERÁ À TERRA..."

"AGORA VOU VOLTAR PARA O MEU PAI... E VOCÊS NÃO ME VERÃO MAIS!"

"...MAS SERÃO MINHAS TESTEMUNHAS!!!"

"SIM, MESTRE!!"

Mateus 28.16-20

EM JERUSALÉM... E EM TODAS AS NAÇÕES...!

...ATÉ O FINAL DOS TEMPOS!

Muitos outros milagres de Jesus poderiam ser contados aqui, mas que livro teria tantas páginas assim?

Agora é com você... Tudo isso foi escrito para que você creia que Jesus é o Messias, o Filho de Deus. Se crer nele, você terá a vida eterna, como ele prometeu.

MAPA DA REGIÃO

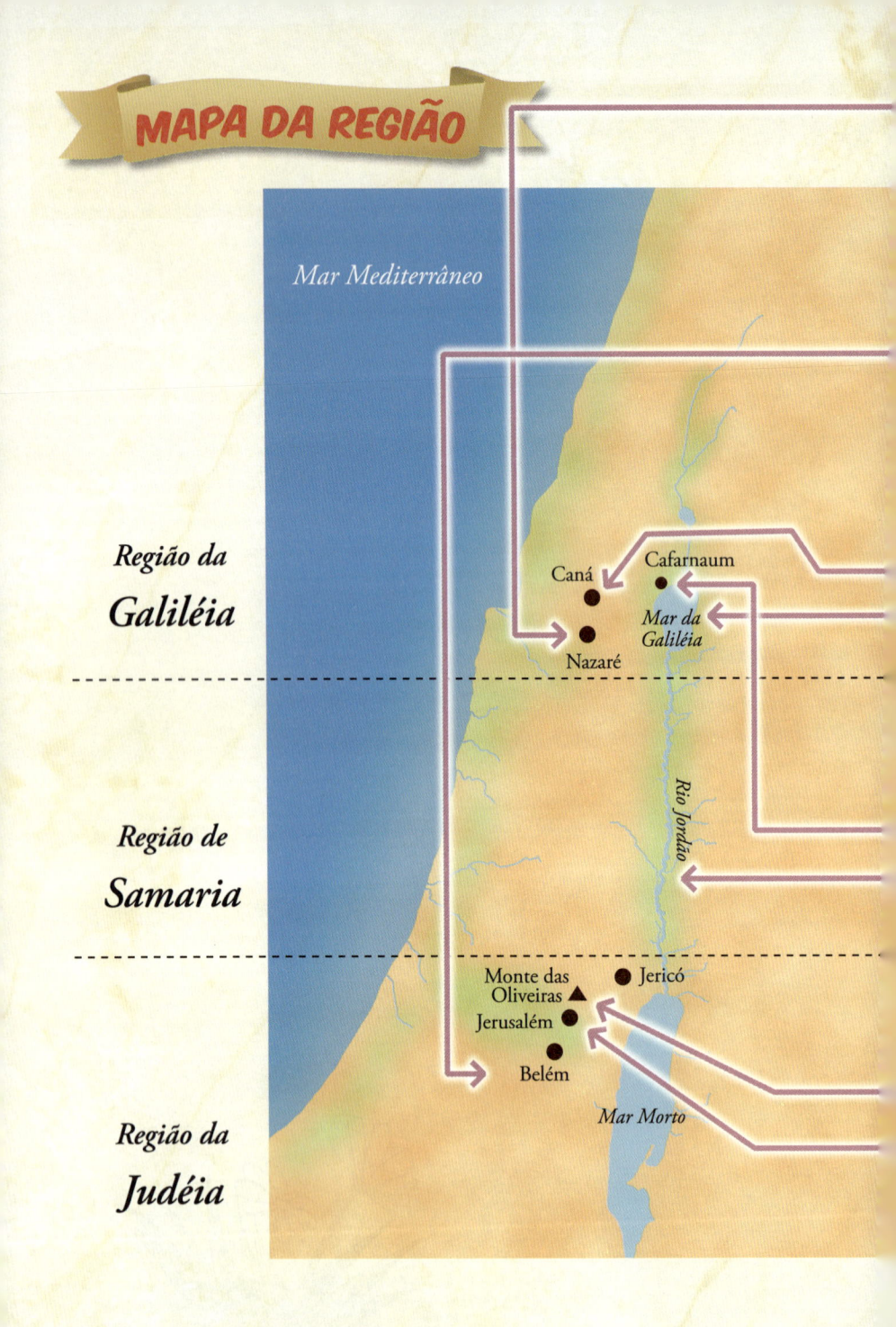

Mar Mediterrâneo

Região da Galiléia
- Caná
- Cafarnaum
- Nazaré
- Mar da Galiléia

Região de Samaria

Rio Jordão

Região da Judéia
- Monte das Oliveiras
- Jericó
- Jerusalém
- Belém

Mar Morto

NAZARÉ

Uma vila no norte da Galiléia, onde moram Maria e José. É onde Maria viu o anjo que lhe falou que ela seria a mãe de Jesus!

BELÉM

Um vilarejo na Judéia, conhecido como "A Cidade do Grande Rei" (Davi). Jesus nasceu nesse lugar quando José e Maria ali estavam por causa de um recenseamento.

CANÁ

Uma cidadezinha na Galiléia, ao norte de Nazaré. Lugar em que Jesus entrega um presente inigualável a um casal de noivos!

MAR DA GALILÉIA

Um grande lago de água doce, por onde passa o rio Jordão, de norte a sul. Também o local de muitos milagres que desafiam qualquer lógica humana!

CAFARNAUM

A cidade natal de Pedro e André, também usada por Jesus como base de operações.

RIO JORDÃO

O lugar onde João Batista mergulha as pessoas como "rito de iniciação". Até Jesus pede que João o mergulhe.

MONTE DAS OLIVEIRAS

Jesus passa muito tempo ao pé desse monte, no Jardim de Getsêmani.

JERUSALÉM

"A Cidade da Paz", um lugar sagrado na Judéia onde a festa da Páscoa é celebrada toda primavera. O lugar onde o Messias enfrentará provações terríveis... e experimentará a maior vitória na história do mundo!

PERSONAGENS

Jesus, o Messias

Qualquer um que conhece Jesus percebe de imediato que ele não é igual a nenhuma pessoa que já viveu neste mundo... Mas, será que ele é mesmo o Messias, o Deus-Rei libertador que todos esperam? Será que um trabalhador simples de um lugarejo atrasado como Nazaré pode ser o Messias?

José e Maria

Esse casal jovem e simpático é descendente do maior rei da história. Maria e José são pais de Jesus... ou, pelo menos, ela é a mãe dele. A identidade do pai é assunto de muitos boatos circulando por aí!

Zacarias e Isabel

Isabel, parente de Maria, é casada com um sacerdote do templo. O casal, já idoso, teve um filho. Embora no início Zacarias não falasse muito, agora insiste que um anjo lhe contou que o filho seria...

João Batista

João é "nazireu", uma pessoa que faz um voto de nunca cortar o cabelo, nem beber vinho. Ele avisa ao povo que é necessário endireitar a vida a fim de preparar o caminho para Jesus, mas isso acaba provocando a antipatia do rei Herodes.

Os Dois Herodes

O rei Herodes, o Grande, governa a Judéia na época do nascimento de Jesus. Ele teme ser destronado pelo Messias e, por isso, ordena uma matança pavorosa. O filho dele, Herodes Antipas, é também responsável por crimes hediondos.

Herodias

Herodias é esposa de Herodes Antipas. Ela odeia João Batista porque ele denunciou seu casamento ilegal. Ela usa a linda filha para se vingar!

Nicodemos

É membro do supremo conselho e acredita que Jesus é mesmo o Messias... mas ele anda muito assustado e não fala dessa crença para ninguém, muito menos depois que Jesus lhe explicou o que é necessário para alguém entrar no Reino!

Fariseus e Escribas

Esses homens são intérpretes e professores dos escritos antigos (Antigo Testamento) e conhecidos pela observância rigorosa das tradições religiosas. Vivem se opondo a Jesus porque acham que seu único objetivo é violar essas leis e os costumes. Saem frustrados quando discutem com ele, pois sempre acabam perdendo.

Zaqueu

É cobrador de impostos do Império Romano em Jericó. Sua posição, e também os "extras" que consegue tirar dos outros, fizeram sua fortuna. É odiado por causa de sua profissão, e discriminado por ser pequeno.

As Mulheres

Mantenedoras voluntárias da Galiléia, apóiam Jesus e seus seguidores com dinheiro e serviço. Maria Madalena é uma delas. O grupo inclui Joana, esposa de Cuza, administrador da casa de Herodes, e Susana.

Marta, Maria e Lázaro

Lázaro é amigo íntimo de Jesus e irmão de Marta e Maria. Eles moram em Betânia e, quando Jesus vai para Jerusalém, costuma pousar na casa deles. Quando chamam Jesus para curar uma doença grave na família, ficam decepcionados porque ele chega tarde demais!

Pôncio Pilatos

É o procurador do império romano, e governador militar das regiões da Judéia, Samaria e Iduméia. É conhecido pela arrogância e antipatia por outras culturas e costumes diferentes, mas dá atenção aos conselhos da esposa.

OS DOZE

São os seguidores de Jesus, escolhidos a dedo. Eles recebem poder para curar, ressuscitar mortos e vencer forças demoníacas!

Pedro (Simão) e André

Esses irmãos ganham a vida pescando no lago da Galiléia e são os primeiros a seguir Jesus. André, o mais novo, também seguia João Batista. Quando André apresenta o irmão a Jesus, Simão recebe um novo nome... Pedro ("a Rocha"). Mas, será que essa Rocha não vai se despedaçar sob pressão?

Judas Iscariotes

Judas é o tesoureiro do grupo. Além disso, sabemos muito pouco dele. Será que o apelido indica que é um dos sicários, um assassino da seita dos zelotes que procuram derrubar o império... ou simplesmente que ele é de Queriote, uma pequena cidade da Judéia? Ninguém sabe ao certo, e os pensamentos desse discípulo quieto, mas impetuoso, são conhecidos apenas por ele mesmo... e por Jesus!

Filipe
Esse discípulo é bom em cálculos, mas será que ele calculou as conseqüências de seguir um Messias controvertido?

Natanael Bartolomeu
Amigo mais chegado de Filipe, é um estudioso sincero... alguém cujo conhecimento intelectual poderia impedi-lo de enxergar o quadro real.

Mateus
Só Jesus ousaria incluir em seu grupo um odiado cobrador de impostos... e um dia ele escreverá a biografia completa do Mestre!

Tomé, o Gêmeo
Tadeu (Judas)
Simão, (o zelote)
Tiago (filho de Alfeu)

Esses quatro também estão entre os Doze. Tomé é um realista sincero, do tipo "ver para crer". Tadeu (também chamado Judas), Simão (conhecido como zelote, por causa de sua posição política extremada) e Tiago (conhecido como "filho de Alfeu" ou "Tiago, o menor"), não têm o mesmo desempenho dos outros, mas ninguém deve duvidar de sua lealdade a Jesus... ou deve?

Tiago e João, filhos de Zebedeu

Tiago e seu irmão mais novo, João, também são pescadores e, como Pedro, são os mais chegados a Jesus e dele recebem o apelido "Filhos do Trovão", devido ao seu entusiasmo e garra. Mas, os outros do grupo acham que João pode ser o favorito de Jesus. Será que essa inveja e rivalidade infantil acabará rachando o grupo dos doze?

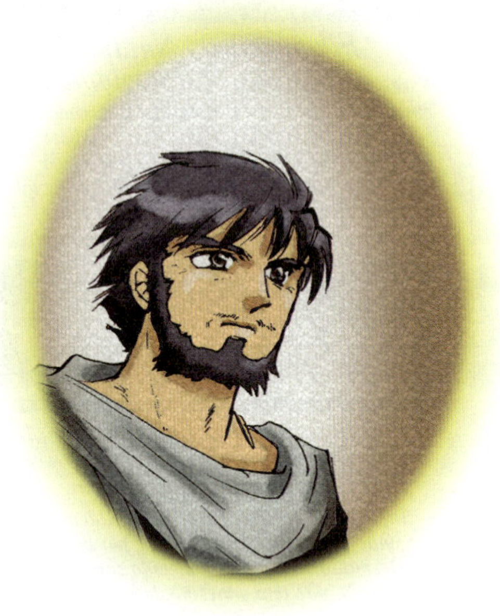